L'industrie sidérurgique et le développement durable de la République démocratique du Congo

André AHUKA SHAMBA
en collaboration avec Déo BALI BARUME

L'INDUSTRIE SIDERURGIQUE ET LE DEVELOPPEMENT DURABLE DE LA REPUBLIQUE DEMOCRATIQUE DU CONGO

Préface de Lambert Mende Omalanga
Ministre de la Communication et des Médias,
Porte-Parole du Gouvernement

Postface de Robert BILA MBWINGA
Député National et Ministre Honoraire

L'Harmattan

Du même auteur

Déjà paru :

Connaissance des Matériaux, Editions Universitaires Africaines, 2008

En rédaction :

Génie des Matériaux

NB : Au moment où nous étions en train de boucler la rédaction de cet ouvrage, la loi sur le découpage territorial venait d'être promulgué entrainant ainsi la modification de l'appellation de certaines entités. Nous n'avons pas voulu apporter des correctifs à ce sujet de peur d'être en déphasage avec les documents scientifiques que nous avions consultés.

5-7, rue de l'École-Polytechnique ; 75005 Paris
http://www.harmattan.fr
diffusion.harmattan@wanadoo.fr
harmattan1@wanadoo.fr
ISBN : 978-2-343-07365-1
EAN : 9782343073651

DEDICACE

A mes petits-enfants

Keren, Kimya, Samuel, Joshua, Emma, Olivia, Louise et Yannis,

Pour l'affection que je porte sur vous tous ; j'espère que vous ferez mieux que moi.

TEMOIGNAGES

L'Industrie Sidérurgique et le développement durable de la République Démocratique du Congo est un ouvrage d'une haute portée scientifique, économique, sociale et industrielle. Dans ce livre, le Professeur AHUKA SHAMBA met à la disposition de l'Elite Congolaise et au pouvoir public en particulier plusieurs stratégies pouvant permettre de relever le défi de l'épanouissement et de la croissance des différentes provinces de notre pays. La vision présentée par l'auteur dans ce livre mérite de retenir l'attention de tous.

Madame Marie-Jeanne ALULA NYOTA, Secrétaire Général à l'Enseignement Supérieur et Universitaire.

Dans son livre intitulé « *L'Industrie Sidérurgique et le développement durable de la République Démocratique du Congo* », le Professeur André AHUKA SHAMBA interpelle la conscience nationale sur la nécessité d'engager notre pays dans la voie de l'industrialisation partant de l'exploitation des minerais de fer. Cet ouvrage présente l'avantage d'inciter les congolais à transformer les minerais de fer en richesses réelles à travers l'implantation des usines sidérurgiques. Le projet de société présenté par l'auteur englobe plusieurs secteurs notamment l'électrification et l'industrialisation du territoire national ainsi que la création d'emplois qui sont des moteurs du développement durable du pays. Ce livre lève aussi l'option sur le modèle d'organisation des entreprises en vue d'une rentabilité réelle.

Nous félicitons le Professeur André AHUKA SHAMBA d'avoir donné à la nation plusieurs pistes à expérimenter et nous encourageons le lecteur à découvrir le contenu si riche de ce livre.

Professeur Ordinaire André BANDEKELA KAZADI, Directeur Général Honoraire de l'ISTA et Directeur à la Société Nationale d'Electricité (SNEL).

L'Industrialisation dont il est question ici dans cet ouvrage est une vision réfléchie et réaliste pour aboutir au développement durable de la République Démocratique du Congo et pour résoudre divers problèmes dont le chômage des jeunes ainsi que celui de la pauvreté de la population. Ainsi, nous ne nous empêcherons pas de féliciter l'auteur de ce livre, le Professeur AHUKA SHAMBA d'avoir livré à l'opinion nationale un instrument efficace pour entamer la transformation industrielle de notre pays. Dans cet ouvrage, le Professeur AHUKA donne également une vision complète sur le développement durable de la République Démocratique du Congo.

Professeur BETA MWAKATITA Moura, Directeur Général Honoraire de l'Institut Supérieur de Techniques Appliquées/Kinshasa.

Lorsque le Professeur André AHUKA SHAMBA m'avait prévenu amicalement, quelques semaines plus tôt, qu'il me donnerait à lire le manuscrit de son livre avant de l'envoyer chez son éditeur, je m'attendais à ne pouvoir intervenir, éventuellement, qu'au niveau de la forme. Le jour venu, en ouvrant la chemise replète (170 pages) qu'il venait de me remettre, j'ai remarqué tout de suite que le titre de l'ouvrage pouvait s'interpréter comme une promesse de réponse à la préoccupation commune aussi bien aux patriotes congolais, qui s'interrogent aujourd'hui sur l'avenir et le développement de leur pays, qu'à toutes les personnes de raison et de bonne foi qui s'intéressent à l'avenir de monde devenu un village planétaire.

Dans ce livre le Professeur AHUKA SHAMBA, jette le pont entre science, patriotisme et humanisme, en traduisant dans les faits la philosophie de l'éducation recommandant que la recherche et le savoir soient au service du bien-être de l'homme, c'est-à-dire du développement. Ce livre fera certainement date, car il pose sans aucun jalon du vrai développement d'une entité géographique considérée à plusieurs égards comme l'une des vitrines géostratégiques, écologiques et économiques de l'humanité. De plus cet ouvrage présente déjà dans ses pages-témoignages, la conjonction des esprits habités par ce que j'appelle ailleurs *la nouvelle conscience historique africaine*.

Avec cet ouvrage, le Professeur AHUKA s'impose aujourd'hui comme passeur qui sait tendre la perche à ceux qui sont sensibles à son propos de chercheur et patriote, c'est-à-dire à ceux qui, comme lui, comprennent que compétence scientifique et volonté de changement pour le bien-être de l'humanité devraient être indissolublement liées. Le livre du Professeur AHUKA arrive à point nommé et se pose en véritable prophylaxie pour ces échéances déjà très imminentes.

Les hommes de raison, les humanistes de notre temps et les patriotes congolais trouveront ici un discours scientifique solidement argumenté à l'appui de leur vocation commune pour la mise en valeur de la République Démocratique du Congo afin d'aider l'humanité à augmenter sa chance de survie et de pérennité. J'associe mon opinion de chercheur au discours encourageant et enchanteur du préfacier de ce livre, Lambert Mende Omalanga, une voix à laquelle sont habituées aujourd'hui les sphères politiques nationales et internationales, pour louer les efforts de ce génie méditatif et flegmatique à l'anglo-saxonne que nous avons eu en commun comme discipline au Collège Saint-Augustin de Lodja.

Professeur Jean-Christophe L. A. KASENDE, Dalhousie University, Canada et à l'Institut Supérieur de Techniques Appliquées/ Kinshasa.

C'est à la fois facile et complexe de porter un jugement de valeur pour un homme qui, à différentes étapes de ma vie, a été leitmotiv pour mon éclosion intellectuelle. Dans ma jeunesse, cet ami à mon frère aîné était devenu un intime de la famille. Déjà par son sérieux et sa droiture, il était un exemple dont nos parents se servaient pour nous éduquer. A l'entrée aux humanités, nous avons été frappés par son intelligence et sa discipline.
A la fin de nos études universitaires c'est lui, l'homme rigoureux, qui nous recrute pour l'Assistanat à l'ISTA. Quelques années plus tard, il est notre guide à la Faculté Polytechnique de l'actuelle Université de Mons où nous poursuivons nos études doctorales. Aujourd'hui, c'est un Professeur plein d'expériences théorique et pratique que nous évaluons dans la publication de ses acquits scientifiques. Nous avons lu ses deux ouvrages de fond en comble notamment le présent livre qui fait rejaillir son potentiel pédagogique pour les intellectuels ainsi que stratégiques pour le développement et l'avenir de notre pays. Tel est le témoignage que je voudrais transmettre aux lecteurs de cet ouvrage afin qu'ils se rassurent de la qualité de la matière abordée ici.

Professeur ULUNGU LOKATA Berthold,
Député National

Le livre du Professeur AHUKA SHAMBA traduit l'excellence et l'esprit d'innovation qui l'a toujours caractérisé dans son travail. L'auteur nous montre comment les industries sidérurgiques peuvent conduire au développement durable de notre pays. Le Professeur AHUKA SHAMBA a également abordé la possibilité d'utiliser les universitaires congolais plus particulièrement les ingénieurs et les techniciens dans les différentes usines sidérurgique à installer dans les provinces

ayant les minerais de fer. Il a aussi, montré l'importance de la formation technique et professionnelle ainsi que de l'apprentissage dans le processus de l'industrialisation de notre pays.
Le livre du Professeur AHUKA doit intéresser toutes les catégories de lecteurs étant donné que chacun y trouvera son compte en commençant par les décideurs de notre pays. Je souhaite donc plein succès à cet ouvrage et félicite son auteur pour ce document de génie qu'il vient de léguer à la génération actuelle et future.

Madame Jacqueline LUKALA, Directeur Chef de Service Secrétaire Général Administratif et Administrateur du Budget Honoraire de l'ISTA/Kinshasa

Le Professeur André AHUKA SHAMBA, ingénieur métallurgiste de son état et Docteur en Science de matériaux, vient de lancer un défi aux décideurs (pouvoir public) et à tout congolais soucieux du développement de son pays. « *L'industrie Sidérurgique et le développement durable de la République Démocratique du Congo* », mérite une attention particulière tant il brille à la fois par la précision des données et l'étendue de l'information scientifique. L'auteur fait naviguer le lecteur dans les galeries souterraines et les mines à ciel ouvert du Congo, avant d'émerger et proposer des schémas qui, somme toute, se révèlent pratiques. D'un œil vif et d'un esprit averti, le Professeur André AHUKA SHAMBA met à la disposition de son lecteur un livre d'une exceptionnelle richesse et constitue, pour les dirigeants présents et à venir, un capital d'informations techniques, économiques et commerciales de grande facture.

Jean-Pierre KABANGU, Chef de Travaux et Chef de Section Mécanique ISTA/Kinshasa

AVANT – PROPOS

Cet ouvrage n'est autre chose que le fruit de réflexion de plusieurs années pour nous permettre de participer à l'effort de développement et de redressement de notre pays. En effet, aucun pays ne peut faciliter l'épanouissement d'un autre. Il est impératif que les filles et les fils de la République Démocratique du Congo prennent des options qui peuvent conduire au progrès de leur pays. Ce livre constitue notre apport dans le processus de développement durable dans lequel notre pays doit s'engager.

La Sidérurgie est un domaine important ; elle constitue la clé de voute pour l'industrialisation d'un pays.
A partir d'elle, s'organisent en amont comme en aval d'autres industries qui contribuent à la croissance économique d'une nation. Au cours de la révolution industrielle du 19e siècle, la sidérurgie a largement contribué au rayonnement des grands pays industrialisés. Aujourd'hui encore, la production et la consommation des produits sidérurgiques, aciers et fontes, par tête d'habitant est une très bonne indication qui reflète la richesse d'un pays, son niveau de développement ainsi que son degré d'industrialisation.

En ce qui concerne la République Démocratique du Congo, elle ne doit pas inventer la roue alors qu'elle tourne depuis longtemps. Elle doit s'adapter aux réalités existantes pour assurer l'épanouissement de toutes ses provinces. En effet, notre pays doit investir dans la sidérurgie pour atteindre son expansion. L'engagement de la République Démocratique du Congo dans cette voie est possible. Car, elle regorge plusieurs matières premières susceptibles de garantir l'extension harmonieuse et durable de l'industrie sidérurgique notamment les minerais de fer très riches en matière valorisable particulièrement le fer, les potentialités pour la production de l'énergie électrique et le gaz naturel pour la réduction directe des oxydes de fer c'est-à-dire pour la fabrication des éponges de fer. Cette dernière matière est utilisée en remplacement de la ferraille dans le four électrique lors de l'élaboration des aciers.

Ce livre présente une vision qui est celle de prendre la sidérurgie comme base du développement de notre pays. Il est réparti essentiellement en sept chapitres dont les contenus facilitent la compréhension des différentes étapes dans le processus de l'implantation et de l'extension des industries sidérurgiques.

Au premier chapitre, nous présentons l'évaluation, la classification et la répartition géographique des minerais de fer à travers la République Démocratique du Congo. Car l'expansion de l'industrie sidérurgique est étroitement liée à l'existence des matières premières de base dont les minerais de fer. Cette exigence est réunie dans notre pays. En effet, les investisseurs ont toujours besoin, au préalable, d'évaluer les réserves minérales en prospectant les différents gisements des minerais de fer. Ce travail consiste à déterminer les teneurs de l'élément valorisable (le fer) et en établir l'importance quantitative pour donner une orientation sur la technologie stratégique c'est-à-dire sur la forme de l'industrie à choisir. Les études menées ont confirmé l'existence des minerais de fer riches dans les provinces du Bas-Congo, du Kasaï Occidental, du Katanga et dans la province Orientale.

Le deuxième chapitre concerne les types de technologies utilisées pour le fonctionnement de l'industrie sidérurgique à savoir le schéma ou la filière classique et le schéma intégré. Dans ce chapitre, nous avons privilégié la technologie qui est adaptée à notre pays ; il s'agit de la filière intégrée qui répond à plusieurs exigences de la compétitivité. Cette compétitivité repose sur la maîtrise technologique industrielle qui conduit à la fabrication des produits dont la qualité satisfait les besoins du marché. C'est pour cette raison que nous avons opté pour les mini-usines de production d'aciers qui sont plus compétitives.

Le troisième chapitre est consacré à la présentation des diverses sources de production de l'énergie électrique disponibles pour l'implantation d'une sidérurgie dans notre pays. A part les sources hydroélectriques, la République Démocratique du Congo possède également d'autres ressources énergétiques comme le charbon, les ressources fossiles, les ressources géothermiques qui peuvent contribuer au développement de l'industrie en général et particulièrement de la sidérurgique. Ce chapitre distingue des centrales hydroélectriques opérationnelles, celles qui sont à réhabiliter et des sites à construire qui sont déjà identifiés sur l'étendue du territoire national.

Le quatrième chapitre concerne les enjeux liés à l'implantation et au déploiement de la sidérurgie dans notre pays. L'enjeu principal est essentiellement axé sur l'importance de la sidérurgie dans le développement durable de la République Démocratique du Congo. Ce chapitre évoque également les autres enjeux qui sont des préalables à l'installation des industries sidérurgiques à savoir les enjeux de transfert de technologie, financier et commercial. Ce chapitre aborde aussi certains enjeux secondaires tels que la sécurité et le domaine militaire.

Le cinquième chapitre présente deux types d'organisation d'entreprise : l'organisation verticale appelée Entreprise-Groupe et l'organisation horizontale dénommée Groupe d'Entreprises. Ce chapitre montre les avantages et les inconvénients liés à chaque structure. A ce niveau nous avons privilégié l'organisation horizontale ou Groupe d'Entreprises compte tenu de sa souplesse dans l'implantation et de son efficacité dans le fonctionnement des industries sidérurgiques. La sidérurgie comme Groupe d'Entreprises offre une finalité d'intégration conséquente. Chaque unité de production constitue une entreprise autonome. Cette structure est la mieux adaptée dans les conditions de notre pays. Tandis que la sidérurgie comme Entreprise-Groupe renferme une complexité dans son fonctionnement ; étant donné que ce schéma rassemble différentes composantes susceptibles d'être indépendantes les unes des autres mais qui sont placées sous une direction unique créant ainsi la lourdeur dans la structure.

Le sixième chapitre est consacré aux apports économiques, commerciaux et sociaux de la sidérurgie. Ce chapitre met à la disposition du public plusieurs éléments d'appréciation sur la contribution des industries sidérurgiques dans le renforcement de l'économie nationale parmi lesquels la conservation des devises grâce à la limitation de l'importation et l'entrée des devises provenant de l'exportation de produits sidérurgiques. Ce chapitre montre également les retombés de la création d'emplois sur l'amélioration de la capacité de la population à consommer les produits locaux. Dans ce chapitre, nous avons aussi démontré l'apport commercial qui est caractérisé par la vente des produits sidérurgiques locaux à moindre coût avec pour conséquence l'amélioration qualitative et quantitative des échanges. Quant à l'apport social, elle est significative et affecte positivement les conditions de vie de la population grâce à la construction de nouvelles infrastructures et à la répartition des richesses.

Le septième chapitre fait la récapitulation de six options fondamentales contenues dans l'ouvrage ainsi que leurs impacts sur la société. Ces différentes options sont en réalité des projets interdépendants pour la concrétisation de la vision principale qui consiste à investir dans la sidérurgie pour atteindre l'industrialisation et le développement de notre pays.

Nous tenons à exprimer nos sincères remerciements au Professeur INTIOMALE MBONINO MOKFE qui nous a fourni les informations géologiques sur les minerais de fer dans notre pays. Que le Professeur Bali BARUME trouve ici l'expression de notre reconnaissance pour le complément d'informations qu'il a apporté pour l'amélioration de ce livre. Nous remercions également Mme KABUO Bernadette qui s'est occupée de la dactylographie de cet ouvrage. Que tous ceux qui ont contribué d'une manière ou d'une autre à la matérialisation de ce livre trouvent l'expression de notre gratitude.

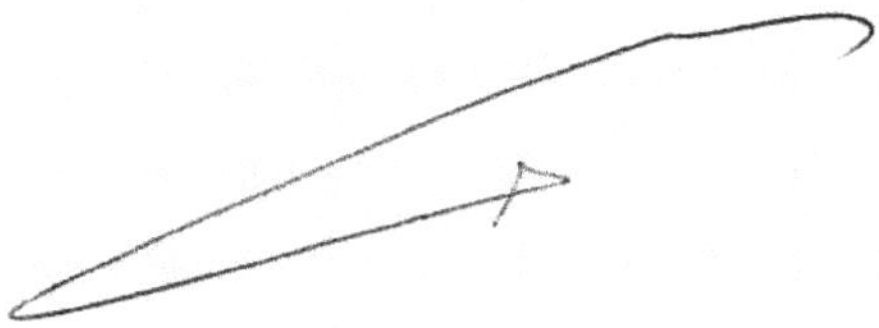

<u>dr ir André AHUKA SHAMBA</u>
Professeur Ordinaire

PREFACE

En s'engageant sur la voie de la reconstruction et de la modernité, notre pays, la République Démocratique du Congo fait face à de nombreux défis dont celui de l'essor d'une industrie sidérurgique nationale. Ainsi que nous l'avions appris des autres civilisations, sans une révolution du système industriel il est chimérique d'envisager un développement à l'horizon 2030 comme le souhaitent les instances nationales et le peuple congolais.

Le Professeur Ordinaire André AHUKA SHAMBA LUDIHA, enseignant à l'Institut Supérieur des Techniques Appliquées de Kinshasa, auteur d'un ouvrage remarqué dans la littérature scientifique internationale, intitulée : « Connaissance des matériaux », paru aux Editions Universitaires Africaines en 2008, m'a aimablement demandé de préfacer son nouvel ouvrage sur *«L'Industrie sidérurgique et le développement durable de la République Démocratique du Congo* ». Je l'ai accepté parce que je connais les compétences scientifiques et la détermination de l'auteur que j'ai eu le plaisir de fréquenter depuis notre adolescence au Sankuru. Je voudrais en outre apporter mon appui à l'idée d'un essor tous azimuts de l'industrie de ce pays qui est le nôtre et que d'aucuns qualifient de scandale géologique.

Il est assez frustrant, en effet, pour un patriote congolais de constater que son pays se cantonne dans un rôle de « réserve »des minerais évaluée à de milliards de tonnes sans développer sa capacité à exploiter à bon escient lesdites potentialités pour les transformer en richesse au profit de la nation. Le Professeur André AHUKA SHAMBA a le mérite de montrer que ce challenge est techniquement réalisable !

La fonte et l'acier constituent les matières de base pour la construction et la fabrication de la quasi-totalité des ouvrages industriels allant du simple clou jusqu'aux machines sophistiquées servant dans les domaines du transport, de l'agriculture, de la construction, etc.

Dans ce livre, l'auteur présente différentes stratégies susceptibles de développer l'industrie sidérurgique congolaise. Ses avis et considérations ont l'avantage d'être adossés sur une solide expérience théorique en sa qualité d'enseignant. Une expérience théorique complétée avec bonheur par sa présence à la tête du Comité de gestion de la plus importante usine sidérurgique du pays, la SOSIDER de Maluku en 2000 et 2001.

Une classification des gisements de fer accompagnée de leur répartition à travers l'ensemble du territoire national y est présentée de façon à permettre aux lecteurs de se faire une idée sur ces possibilités d'une exploitation optimale à court, moyen et long termes.

Par ailleurs, la production des aciers requiert de l'énergie. Plusieurs sources énergétiques sont envisageables, mais dans ce livre, les avantages et inconvénients de toutes les sources d'énergie disponibles dans notre pays sont également mis en exergue pour permettre aux décideurs de faire le cas échéant un choix idéal qui respecte les critères économiques et environnementaux pour un développement durable.

André AHUKA SHAMBA offre aux lecteurs une nouvelle perspective pour appréhender la question importante de l'industrialisation de la République Démocratique du Congo. Il fournit des informations actualisées conformes à l'état d'avancement actuel de la science dans ce domaine.

Son livre se lit avec beaucoup d'intérêts et les acteurs politiques, scientifiques et décideurs intéressés par l'essor de l'industrie sidérurgique ont le devoir de s'en imprégner car ils y trouveront, j'en suis convaincu, des pistes de réponses utiles aux questions que posent ce qu'il conviendrait d'appeler une révolution industrielle congolaise en mesure de soutenir la révolution de la modernité.

En plus des stratégies d'implantation industrielle stricto sensu, les stratégies économiques, commerciales et sociales font l'objet des cogitations du Professeur AHUKA. Les données qui y fourmillent permettront aux personnes intéressées de rendre fluide la production des aciers dans notre pays branchée sur la révolution de la modernité.

Nous pensons que chacun de nous, en ce qui le concerne individuellement, à intérêt à maîtriser les tenants et les aboutissants de ce secteur pour accélérer le développement et l'émergence de notre cher et beau pays.

Je félicite l'auteur pour la qualité de son travail et l'engagement à poursuivre ses efforts de vulgarisation de ses activités scientifiques.

Lambert Mende Omalanga
Ministre de la Communication et de Médias,
Porte-Parole du Gouvernement

INTRODUCTION GENERALE

L'importance historique du fer dans l'évolution des civilisations à travers le monde n'est plus à démontrer. Depuis l'antiquité lointaine, après l'âge de la pierre polie, la découverte du fer par les hommes primitifs avait créé une nouvelle organisation de la société. Cette organisation a ouvert la voie au forgeage et au martelage pour la fabrication des armes et d'autres outils. Le fer a toujours été considéré comme un repère pour marquer le changement dans la mentalité de l'homme.

Au XIXe siècle, le monde a connu un essor technologique important avec la découverte faite en 1855 par BESSEMER de la conversion de la fonte en acier ; qui a révolutionné le système industriel. Nous paraphrasons avec Jean DURANT, Professeur Honoraire de sidérurgie à l'Ecole Centrale en France, que la fonte et l'acier sont parmi les produits industriels les plus nécessaires à la vie moderne [1].

L'histoire a montré que l'industrie du fer constitue la base du développement d'un pays ; car tous les secteurs d'activités utilisent les produits issus de cette dernière, depuis un simple clou jusqu'aux engins les plus sophistiqués comme les fusées, les trains à grandes vitesses (TGV) et les autres. La production mondiale de fer, qui était de 189 millions de tonnes avant la seconde guerre mondiale, est passée à 510 millions en 1960. Elle a plus que doublé depuis lors.

En temps de paix et en temps de guerre, comme l'ont démontré les deux dernières guerres mondiales, la sidérurgie est un facteur primordial de la puissance d'une nation. La fonte et l'acier sont des matières premières indispensables pour la construction de la plupart des machines et ouvrages industriels comme les machines-outils, les moteurs, les turbines, les chaudières, les locomotives, les wagons, les rails, les automobiles, les armes, les tracteurs, les machines agricoles et les matériels de construction métallique. Tous ces équipements sont nécessaires pour la reconstruction de notre cher et beau pays.

Cependant, il n'y a que deux possibilités pour l'acquisition de ces matériels : l'importation qui nécessite beaucoup des moyens financiers et la production locale qui exige l'implantation et la croissance des industries sidérurgiques dans le pays. Dans les deux cas, l'investissement est considérable à la seule différence que la production locale présente plusieurs avantages notamment la création d'emplois, l'industrialisation du territoire national, le renforcement de l'économie et la construction des infrastructures.

Cet ouvrage présente une vision qui contient plusieurs stratégies susceptibles de convaincre l'Etat Congolais à s'investir dans l'essor du secteur sidérurgique en vue d'assurer une production locale des différents équipements cités plus haut et des produits sidérurgiques secondaires ou plats. Pour s'engager dans cet investissement, il existe des préalables à résoudre. La première catégorie des préalables est constituée de matières premières c'est-à-dire de minerais de fer, de l'énergie électrique et de gaz réducteurs qui sont disponibles dans notre pays. En effet, des réserves importantes des minerais de fer évaluées à des milliards de tonnes ont été localisées, jusqu'à présent, dans les provinces du Kasaï, du Bas-Congo, du Katanga et dans la Province Orientale principalement.

Nous faisons remarquer que seuls les sites du Katanga ont fait l'objet d'une petite exploitation ayant alimenté la métallurgie du cuivre. Le dernier à être exploité est celui de Kisanga II qui est un amas de forme ovoïde localisé à la base du calcaire de Kakontwe entre Likasi et Kambove. De 1917 à 1945, la production de fer du Katanga a été de 616.000 tonnes de minerais contenant plus ou moins 60% de Fe d'après une publication de Cohen en1954.

La disponibilité de l'énergie électrique est possible grâce à l'exploitation, à la réhabilitation des centrales hydroélectriques existant et à la construction des différents sites déjà identifiés à travers le pays. Le gaz réducteur est aussi disponible dans le lac Kivu et dans différents gisements pétroliers tels que le lac Albert et le long du côte atlantique à Moanda dans la province du Bas-Congo.

La deuxième catégorie de préalables consiste principalement dans le transfert des technologies. Cet ouvrage définit les types de technologie qui conviennent pour notre pays et précise les différentes étapes dans les négociations avec les pays détenteurs de la technologie en vue d'obtenir les matériels pour la fabrication des éponges de fer, les matériels pour l'élaboration des aciers ainsi que ceux destinés à la transformation des aciers en produits sidérurgiques.

L'efficacité, la rentabilité et le bon fonctionnement d'une entreprise dépendent aussi de son organisation. Dans ce livre, nous proposons l'organisation de la sidérurgie en groupe d'entreprises c'est-à-dire une chaîne de production composée de Petites et Moyennes Entreprises, de Petites et Moyennes industries et des industries. Toutes ces entreprises sont autonomes les unes des autres dans leur fonctionnement mais interdépendantes dans le sens où les produits de l'une constitue la matière première de l'autre. Cette organisation est très avantageuse étant donné qu'elle favorise la mise en place d'une classe moyenne et la répartition de richesses par l'octroi des revenus à la population.

Dans cet ouvrage, nous démontrons également combien l'implantation et le développement de la sidérurgie sont rentables pour notre économie grâce à la commercialisation des produits sidérurgiques secondaires c'est-à-dire les barres de fer, les cornières et autres sur le marché intérieur; et à la vente des éponges de fer ainsi que des aciers de haute qualité sur le marché extérieur. Quant aux produits sidérurgiques plats, ce livre aide le lecteur non seulement à les découvrir mais aussi à comprendre son importance dans la construction des grands chantiers tels que les bateaux, les locomotives, les tracteurs, les wagons, etc. L'apport de la sidérurgie est très considérable dans l'épanouissement social et ce livre donne avec détails les différents domaines de la vie qui sont directement influencés par la présence des cités minières.

Tout au long de cet ouvrage, nous présentons six options fondamentales qui peuvent déterminer le pouvoir public de s'engager à cette vision. La première option ou stratégie consiste à considérer la sidérurgie comme base d'un développement durable pour la République Démocratique du Congo. L'impact de cette stratégie est énorme et ce livre le démontre suffisamment. Car, pour arriver à l'épanouissement d'un pays aussi vaste que le nôtre, il faut se doter d'une vision concrète. L'installation et l'essor de la sidérurgie en est une, capable d'atteindre cet objectif.

La deuxième option, contenue dans ce livre, consiste dans l'utilisation de la sidérurgie comme base de l'industrialisation du territoire national. Nul n'ignore que la sidérurgie est une industrie industrialisante parce qu'elle favorise la création des industries secondaires pour la transformation de ses produits. Cette stratégie est très appropriée pour notre pays en vue de relever le défi de son industrialisation.

La troisième option fondamentale est une stratégie qui recommande que la sidérurgie soit implantée dans toutes les provinces où l'on trouve des réserves importantes de minerais de fer avec comme conséquence la croissance équilibrée du territoire national. Compte tenu du fait que les industries sidérurgiques sont généralement installées dans les milieux ruraux, cette option est la mieux indiquée pour pallier aux problèmes de sous-développement de différentes provinces du pays.

La quatrième option consiste à l'engagement du pouvoir public à procéder systématiquement à l'électrification du territoire national dont la plus grande partie demeure jusqu'à ces jours dans l'obscurité. Pour atteindre cet objectif, nous proposons dans cet ouvrage la diversification des sources de production de l'énergie électrique. Car, la présence permanente de cette matière première est un élément capital pour l'industrialisation d'un pays.

La cinquième option concerne l'adoption de la concentration horizontale comme mode d'organisation d'entreprise en vue de favoriser l'émergence de la classe moyenne. Pour éviter les erreurs du passé, notre pays doit s'abstenir de recourir aux firmes éléphantesques ; qui ont montré leurs limites. Dans ce livre, nous présentons les avantages liés à la concentration horizontale pour éclairer la lanterne de l'opinion nationale sur ce choix. Car l'expansion de notre pays ne peut se faire avec les grandes entreprises mais plutôt avec la classe moyenne. La sixième et la dernière option est une exigence pour l'Etat congolais à pouvoir s'investir dans la matérialisation de cette vision en y mettant des moyens financiers conséquents.

Le secteur de la sidérurgie renferme plusieurs enjeux dont certains font l'objet de ce livre à savoir : les enjeux sécuritaires, les enjeux du domaine militaire, les enjeux liés à la coopération régionale et internationale, les enjeux de transfert des technologies, les enjeux économiques, les enjeux du développement et les enjeux liés à l'accès au marché international des aciers de la République Démocratique du Congo.

Ce livre se veut un instrument de prise de conscience et de sensibilisation de l'opinion nationale plus particulièrement de l'élite congolaise et du pouvoir public pour qu'ils s'approprient cette vision pour atteindre le développement durable de notre cher et beau pays. Cet ouvrage va permettre aux lecteurs de se familiariser au langage technique du domaine de la sidérurgie. Raison pour laquelle nous utilisons un langage simplifié, compréhensible et accessible à tous. Notre objectif sera atteint si ce livre arrive à réveiller la conscience de tous.

CHAPITRE 1

L'EVALUATION, LA CLASSIFICATION ET LA REPARTITION GEOGRAPHIQUE DES MINERAIS DE FER

1.0. Introduction

L'industrie sidérurgique est liée essentiellement à l'existence des matières premières de base dont les minerais de fer, les ferrailles, les combustibles tels que le charbon (coke en particulier) ainsi que les gaz naturels. Toutes ces matières premières sont disponibles en République Démocratique du Congo.

Ainsi, avant toute implantation des industries sidérurgiques, les investisseurs doivent au préalable évaluer les réserves de minerais de fer, en prospectant les différents gisements. Ils doivent aussi s'assurer de la fourniture permanente, qualitative et quantitative de l'énergique électrique grâce à l'exploitation des potentialités énergétiques disponibles dans la province de l'installation. Le travail d'évaluation des minerais consiste à déterminer les teneurs de l'élément valorisable qui est le fer dans chaque gisement et en établir l'importance quantitative. Ces données servent à calculer la puissance nécessaire pour le fonctionnement des usines et permettent de donner une orientation sur la technologie stratégique à utiliser et sur le type d'industries à développer.

En ce qui concerne notre pays, plusieurs études menées ont permis la localisation de divers sites potentiels de gisements de minerais de fer dans certaines provinces. Ces études sont à la base de la découverte de l'existence des gisements de minerai de fer principalement dans la province Orientale, dans le Bas-Congo, dans la province de Kasaï Occidental et dans le Katanga. Certains gisements de la province Orientale contiennent des teneurs en fer supérieures ou égales à 65%. La qualité de ces minerais de fer est appropriée pour le développement des industries sidérurgiques. La province Orientale renferme également des gisements de minerais de fer qui sont situés à proximité des puits de pétrole ; c'est le cas de gisements de minerais de fer localisés dans le territoire de Djugu.

On estime cependant qu'il existe des minerais de fer à travers toutes les provinces de notre pays ; il est donc impérieux d'organiser des prospections en vue de déterminer la localisation exacte de ces gisements ainsi que la quantité de leurs réserves. La confirmation de l'existence de ces gisements constitue une étape importante dans l'option de l'implantation des industries sidérurgiques à travers le territoire national. En effet, l'essor des industries sidérurgiques engendre des industries secondaires de transformation de ses produits. Le développement de cette industrie lourde c'est-à-dire la sidérurgie constitue un facteur socio-économique par excellence pour notre pays dans la mesure où elle peut créer des nouveaux débouchés en amont comme en aval.

1.1. **Les minerais de Fer**

La République Démocratique du Congo dispose dans son sous-sol des minerais tels que l'Or, le Diamant dans la province Orientale ; l'Etain, le Tungstène, le Niobium, le Tatane et l'Or dans les provinces de Nord et de Sud Kivu ; le Cuivre, le Cobalt, le Plomb, le Zinc, l'Uranium et le Germanium dans la province de Katanga ; le Diamant, le fer au Kasaï Occidental et afin la Bauxite, le Carbone, l'Or, le Fer dans la province du Bas-Congo. Tous ces minerais constituent les éléments qui valorisent le parc minéralogique et qui sont susceptibles de favoriser le développement économique et social du pays. Sur la figure 1.1 ci-dessous, nous présentons la carte minéralogique simplifiée et actualisée de la République Démocratique du Congo.

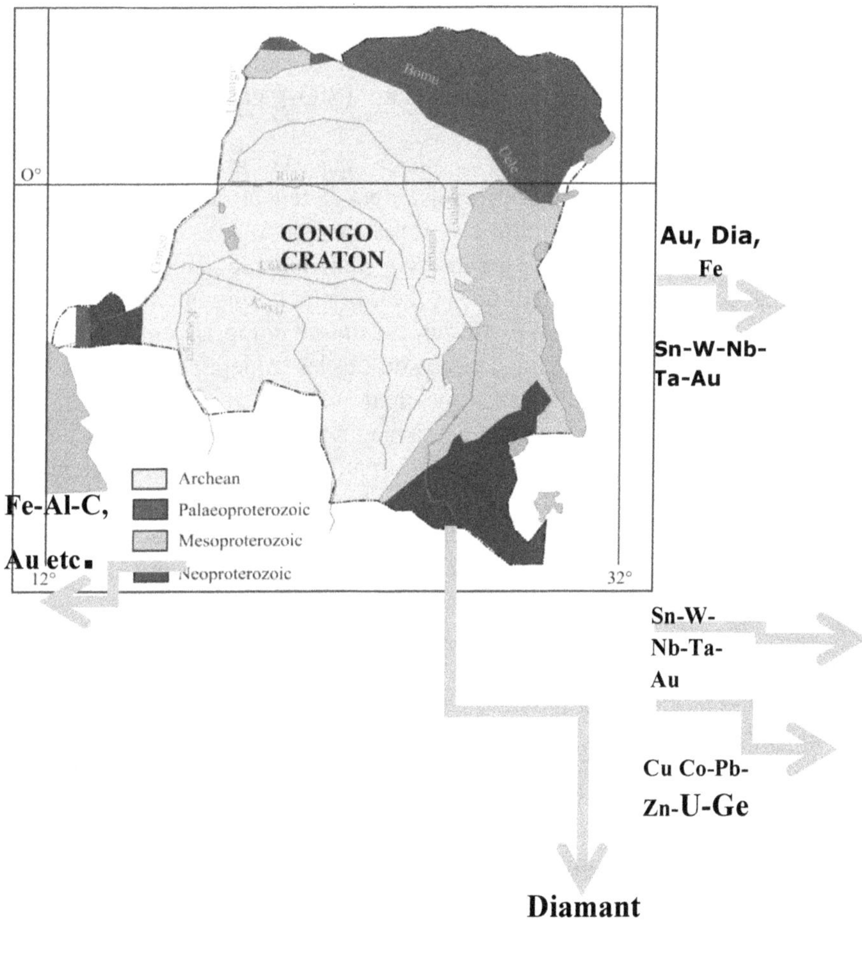

Figure 1.1 : Carte géologique simplifiée et actualisée de la République Démocratique du Congo (d'après BRGM)

En République Démocratique du Congo, le fer se présente généralement sous forme d'oxydes, de carbonates parfois combinés à d'autres oxydes. Dans ces minerais, on constate que le fer est souvent mélangé à des matières stériles qu'on appelle la gangue. Cette dernière, qui est constituée des silicates et d'autres éléments, peut être nuisible lors de l'élaboration des produits sidérurgiques. Il y a donc nécessité de procéder à la séparation de minerai de fer et de la gangue constituée de l'oxyde de silicium (SiO_2) par des méthodes physiques ou chimiques.

Nous devons signaler que la première qualité reconnue à ce type de minerais, c'est sa teneur en fer. Ainsi, le minerai de fer est réputé très riche lorsque la teneur en fer est au-dessus de 60% ; il est considéré riche lorsque la teneur en fer est comprise entre 50 et 60% ; il est pris pour un minerai moyen lorsque la teneur en fer est dans la marge comprise entre 40 et 50%. Jusqu'à la teneur de 28% de Fe, les minerais sont encore intéressants à condition que leur teneur en silice (SiO_2), considérée comme élément nuisible, soit faible. En dessous de 28%, les minerais sont considérés pauvres, sauf s'ils présentent des qualités les destinant à un usage spécial. Par exemple, un minerai de calcaire à 20 % de fer est qualifié de minerai pauvre ; cependant il peut être utilisé comme fondant lors de l'élaboration des aciers (castine ferrugineuse).

Le fer est un élément extrêmement répandu dans l'écorce terrestre. Il est évalué à 5% des éléments contenus dans la terre. On le retrouve généralement à l'état d'oxyde, de silicate, de carbonate ou encore en combinaison avec d'autres matières stériles (gangues) qui contiennent des impuretés nuisibles. Par contre, les minerais proprement dits utilisables pour l'extraction du fer sont des oxydes comme la magnétite (Fe_3O_4), l'hématite (Fe_2O_3), la wüstite FeO, la goethite ($Fe_2O_3.H_2O$) ou des carbonates tels que la sidérite ($FeCO_3$).

1.1.1. Les types des Minerais de fer

Il existe plusieurs types des minerais de fer dans le sous-sol Congolais. Parmi ces minerais, on rencontre principalement l'Hématite, la magnétite, la wüstite, la limonite, la goethite, la martite, etc. Certains sont des oxydes associés à d'autres éléments qui peuvent être valorisés et d'autres encore sont des carbonates avec des sous-éléments attachés à d'autres minerais. Ainsi, on distingue parmi ces différents minerais de fer ceux qui sont réguliers, il s'agit :

1.1.1.1. Les minerais de fer oxydés

D'après une publication de Colombier faite en 1957 [2], les minerais de fer oxydés rencontrés dans le sous-sol congolais peuvent être classés en trois catégories à savoir : les minerais oxydés anhydres, les minerais oxydés hydratés et les minerais oxydés proprement-dit.

1. Les Minerais oxydés anhydres sont des hématites rouges. Outre les hématites proprement dites, on peut distinguer parmi ces minerais ceux qui contiennent quelques variétés comme l'hématite mamelonnée, l'hématite oolithique et l'ocre rouge. On classe également dans ce groupe le fer oligiste et le fer spéculaire. Tous ces minerais sont constitués par l'oxyde Fe_2O_3. A l'état pur, ils contiennent 70% de fer. Ils ont une gangue (boue) généralement siliceuse et sont également sulfureuses (pyrite).

2. Les Minerais oxydés hydratés sont des hématites qui ont une autre couleur. On les appelle des hématites brunes. Elles contiennent de l'eau et elles prennent la formule du type $2Fe_2O_3.3H_2O$ correspondant à 60% Fe environs et 14,5% d'eau de combinaison. C'est un minerai très répandu dans l'écorce terrestre contenant

une gangue souvent silicoargileuse. Ce minerai est facile à réduire.

3. Les Minerais oxydés ou magnétites peuvent être considérés, à juste titre, comme minerais oxydés proprement-dit. Ils sont généralement constitués du fer et de l'oxygène. Ils contiennent des minerais ayant une composition correspondant à la formule Fe_3O_4. Ces minerais sont noirs, denses, riches et purs. On peut les réduire cependant facilement avec les réducteurs gazeux. Ils sont presque exemptés de soufre et de phosphore qui sont considérés comme des éléments nuisibles dans les aciers.

1.1.1.2. Les minerais de fer carbonatés

Dans cette catégorie, il existe généralement plusieurs types de minerais carbonatés dont les plus réguliers sont les suivants :

- Le fer carbonaté spathique (sidérite ou sidérose) de formule chimique $FeCO_3$ est souvent associé ou mélangé aux carbonates de Manganèse, de Calcium et de Magnésium. Il est fréquemment accompagné de l'hématite brune ;
- Le fer carbonaté lithoïde (sphérosidérite) se localise généralement dans les gisements contenant des quantités importantes de gangue. Ce minerai exige souvent de traitements spéciaux pour se débarrasser de la gangue.

1.2. La Classification, la répartition géographique et l'estimation des réserves de minerais de fer

Les recherches menées depuis des décennies ont fourni des renseignements importants qui ont permis de faire un classement de minerais de fer localisés dans plusieurs provinces de notre pays. Les principaux gisements de ces minerais sont situés dans les provinces suivantes : le Bas – Congo, le Kasaï Occidental, le Katanga et dans la Province Orientale. Ces résultats de ces recherches ont permis de classer des minerais de fer découverts dans le sous - sol congolais en douze catégories, dont quatre sont considérés comme des gisements concordants et huit des gisements discordants.

L'estimation de réserves mondiales de fer, à la fin de l'année 2011, était de 170 milliards des tonnes des minerais dont environ 80 milliards des tonnes pour l'Afrique. Par contre, les réserves propres de la République Démocratique du Congo sont estimées à 20 milliards des tonnes des minerais de fer, soit 11,76% de la réserve mondiale comme le montre la figure 1.2. Les réserves mondiales de minerais de fer sont classées dans l'ordre décroissant de la manière suivante : l'Australie détient 20,29%, le Brésil 17,06%, la Russie 14,71%, la Chine 13,53%, et afin la République Démocratique du Congo avec 1,76%.

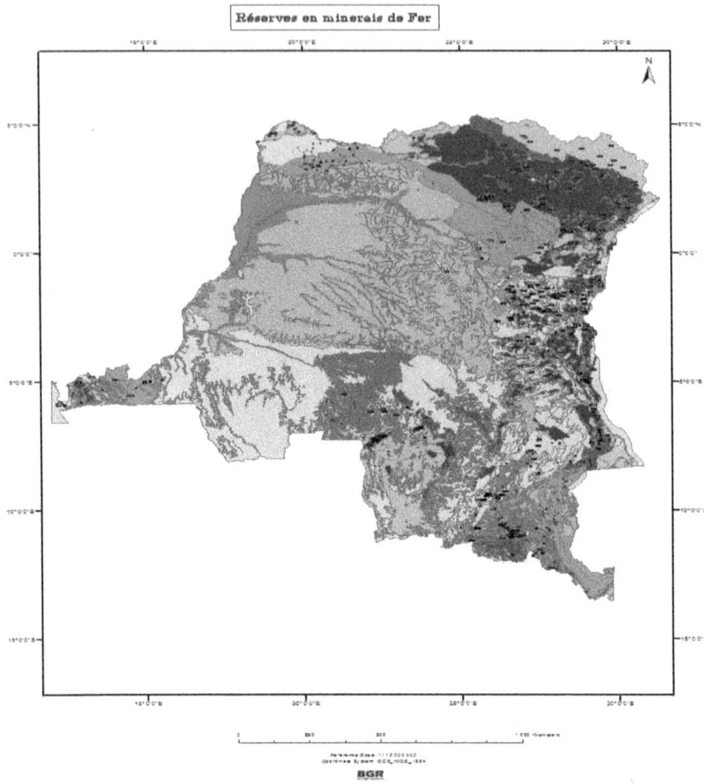

Fig.1.2 : Carte géologique de réserves de minerais de fer en République Démocratique du Congo.

La carte de la figure 1.2 confirme les études qui ont été menée sur les réserves de minerais de fer dans la province du Bas-Congo, dans le Kasaï Occidental, dans le nord Katanga et dans la Province Orientale. Cette figure nous renseigne qu'une grande partie du territoire national n'a pas encore fait l'objet d'une étude quelconque pour déterminer la localisation des gisements des minerais de fer ainsi que la quantité des réserves contenues dans ces derniers. Pour le l'extension de l'industrie sidérurgique à travers le territoire national, il est donc urgent d'entamer des recherches à ce sujet. Cette figure 1.2 présente avec précision l'existence de minerais de fer à proximité du lac Albert (autrefois lac Mobutu) dans la province Orientale. Rappelons que sur ce site existe aussi un gisement de pétrole important. Tous ces éléments réunis concourent à l'industrialisation de cette partie de la République et au développement de la sidérurgie en particulier.

1.2.1. La Classification des minerais de fer

Les gisements de minerais de fer sont généralement repartis en trois classes à savoir : les gisements concordants, les gisements discordants et les carapaces latéritiques. Dans la catégorie des gisements concordants, on trouve principalement les itabirites, que l'on considère comme la roche de base pour le minerai de fer, les grés ferrugineux, les hématites massives et les shales pyriteux.

Par contre, pour les gisements discordants, on distingue : les amas Magnétiques, les amas Métasomatiques, les amas et les filons pyriteux, les disséminations, les filons hydrothermaux à quartz-spécularite, les filons hydrothermaux à Baryum-fer et les cuirasses résiduelles. Toutes ces notions hautement techniques sont explicitées dans la partie suivante en vue de faciliter la compréhension du lecteur.

1.2.1.1. Les Gisements Concordants

Cette catégorie de gisements des minerais de fer renferme principalement les Itabirites, les grés ferrugineux, les hématites massives et les shales pyriteux. Pour mieux faire la différence entre les espèces qui sont contenues dans ces gisements, nous donnons ci-dessous quelques éléments essentiels pour appréciation. La connaissance de ces espèces va faciliter l'identification et le choix des techniques nécessaires pour le traitement adapté à chaque type de minerai. Les différents traitements liés à chaque minerai de fer est toujours attaché à sa nature, à sa composition et à la situation du gisement par lequel il provient.

1.2.1.1.1. Les Gisements d'Itabirites

Dans ces gisements, on rencontre généralement des Itabirites de niveaux amphibolitiques d'âge archéen et protérozoïque inférieur. Ces itabirites tirent leur nom des minerais à hématite du Pic Itabira do Campo, dans l'Etat de Minas Geraes au Brésil. Leur aspect rubané leur confère aussi le nom de Banded Iron Formations.

Plusieurs théories génériques ont été proposées de manière à faciliter le classement des différents minerais de fer qu'on retrouve dans la nature. Ces théories ont été mentionnées dans les travaux de Morelli et Raucq publiés en 1962 et poursuivi par ceux d'Ancion publiés en 1964. Il s'agit de théories basées généralement sur :

1. Le métamorphisme de minerais sédimentaires de précipitation ;
2. Les venues hydrothermales qui sont riches en fer et en silice ou les émanations volcaniques sous-marines ;
3. L'apport de fer et de quartz des roches sédimentaires ou volcaniques sur des dolomies ankéritiques et sidéritiques ;
4. L'action métamorphique sur des matériaux éruptifs acides ;

5. Le front ferrugineux en bordure d'une migmatite suite à la remise en mouvement du fer provenant d'amphibolites incluses dans le massif granitique.

Toutes ces théories sont controverses, mais actuellement, les géologues ont cherché à s'accorder pour admettre que les itabirites tirent leur origine de la précipitation d'hydrates de fer dans des séquences argileuses dues aux différentes transgressions ou modifications marines subites par les précipitations au cours du temps. Le fer provenant de la pénéplanation et de la latéritisation en cours sur le continent est transporté sous forme d'hydrosols entretenus par des matières organiques d'après Ancion dans sa publication faite en 1964.

Les apports d'eau continentale modifiant le pH du milieu marin font que les hydrates de fer précipitent en alternance avec les sédiments argileux. Des transformations consécutives hydrothermales ou des émanations volcaniques sous-marines sont à l'origine des particularités régionales des gisements.

On observe également, dans le cas de la République Démocratique du Congo, que les itabirites de Kanda-Kanda qui situés dans la province de Katanga auraient eu comme roches mères des pyroclastites basiques sans feldspaths, selon Morelli et Raucq dans une publication faite en 1962. Ces itabirites se seraient transformées par métamorphisme en des gneiss pyroxéno – amphiboliques. Par conséquent une origine volcano – sédimentaire est applicable aussi aux théories attachées à ces itabirites.

Dans leur publication de 1987, Misra et P. Raucq confirment ainsi que les amas ferrugineux sont très rependus dans toute la République Démocratique du Congo sauf dans la cuvette. Nous prendrons, à titre d'exemple, le cas de la province Orientale qui détient les plus importantes ressources minières du pays en fer. La figure 1.3 présente la carte minière de la province Orientale établie par Misra et Raucq. Cette carte illustre bien les disponibilités en minerai de fer de la République Démocratique du Congo. Toutefois, nous devons signaler que les études de prospection ne sont pas encore achevées.

Nous recommandons au pouvoir public d'organiser d'autres expéditions pour actualiser les différentes les cartes en vue de connaitre l'état géologique réel de la République Démocratique du Congo. Ce travail est possible avec les nouvelles technologies qui peuvent faciliter la tâche et permettre ainsi de compléter les anciennes cartes. Les résultats de ces études seront mis en contribution par les chercheurs congolais et d'ailleurs ainsi que par le pouvoir public dans la perceptive de donner une orientation de la politique sur le développement de l'industrie en général et de la métallurgie du fer (sidérurgie) en particulier. Notre pays a souvent négligé la recherche alors que celle-ci a toujours précède l'innovation.

Le monde évolue à une vitesse vertigineuse ; et cette évolution exige une adaptation aux nouvelles technologies. La République Démocratique du Congo doit faire des recherches et développer les nouvelles techniques pour l'identification des minerais susceptibles de favoriser l'éclosion des industries. L'utilisation des satellites, par exemple, peut amener un élan nouveau dans la recherche des indices géologiques de différents minerais.

Dans notre pays, on distingue deux types des itabirites : le type Moto et le type Asonga.

1. **Les itabirites de type Moto** sont des minerais finement lités ; en d'autres termes, ce sont des minerais mis en couches alternées avec de l'argile en formant des différents types de shales contenant de l'hématite (Fe_2O_3) et de la magnétite (Fe_3O_4) avec ou sans autre type de minerai comme la sidérite, l'ankérite, le chlorite, la pyrite, l'asrénopyrite, au sein de shales graphiteux et amphibolitiques. La teneur en silice est souvent élevée. Dans sa publication de 1954, Cahen affirme que les bancs d'hématite et de magnétite, avec ou sans sidérite au sein de shales graphiteux et de shales à amphiboles, se trouvent sous forme de quartzites rubanés.

Il faut toutefois remarquer que plusieurs montagnes de fer sont peu explorées dans cette catégorie. Ainsi, les itabirites de ce type présentent des zones d'enrichissement supposées être en rapport avec un départ de silice dans les eaux météoriques ou hydrothermales.

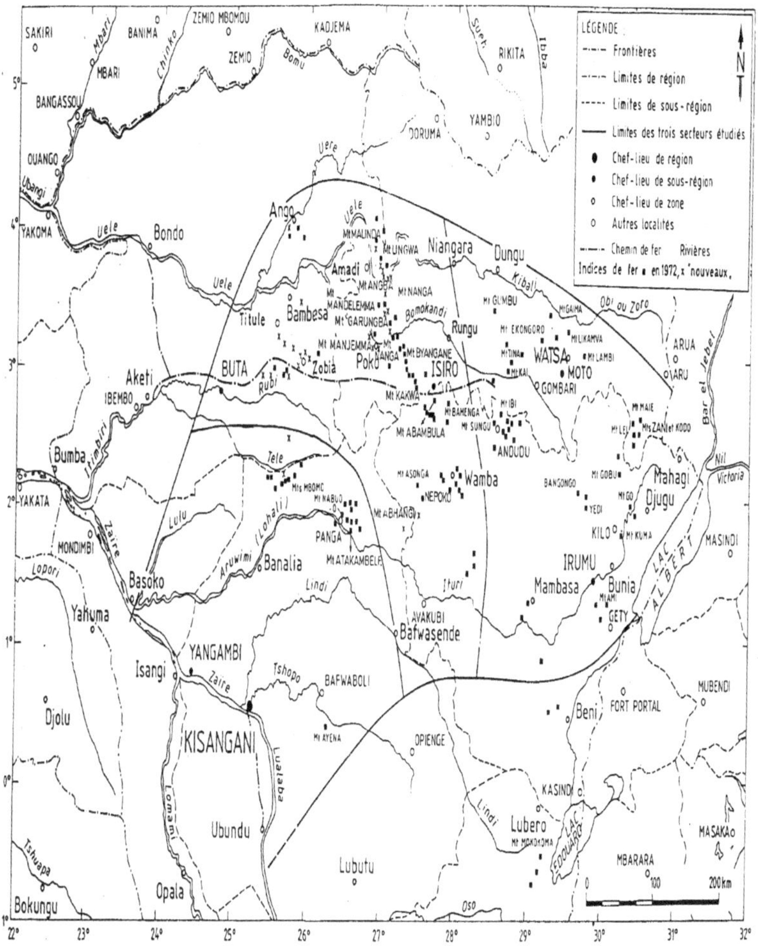

Figure 1.3 : Carte minières de principaux indices de fer au Nord – Est de la République Démocratique du Congo [d'après Misra et Raucq]

2. **Les itabirites de type Asonga** sont à leur tour des minerais zonaires avec des bancs pouvant atteindre des dimensions métriques riches en fer. Ils contiennent généralement peu de silice. Dans sa publication de 1954 Cahen déclare que les minerais à magnétite – spécularite et éventuellement martite se différencient en séquences finement

zonaires à bandes quartzeuses alternées des lits d'oxydes de fer. Il a poursuivi que les itabirites de type Asonga sont également disposés en zone d'enrichissement et sont composées des minerais granoblastiques à spécularite et en magnétite résiduelle martitisée. Morelli et Raucq font remarquer, dans leur publication de 1962, que ces minerais sont des massifs et sont composés de fins grains de couleur sombre.

Dans leur publication faite en 1987, Misra et Raucq rapporte que dans ce type de minerai, on trouve également des bancs à magnétite – spécularite avec des teneurs localement élevées autour de 60% – 70% Fe contenant peu de silice. De son côté Cahen (1954) précise que ce genre de minerai contient aussi des bancs ferrifères qui peuvent atteindre une épaisseur métrique importante. Ces minerais sont classés parmi ceux qui sont riches à cause de la teneur faible de la gangue.

Dans ces minerais, on observe couramment les impuretés telles que le phosphore (P) dont le rapport P/Fe permet de distinguer les minerais phosphoreux. Si le rapport P/Fe < 0,001%, le minerai est alors non phosphoreux et si le rapport P/Fe > 0,018%, le minerai est phosphoreux. Ce minerai renferme également, du soufre avec une teneur limite < 0,05%. Cet élément c'est-à-dire le soufre est réputé nuisible dans les aciers. Le minerai de type Asonga détient aussi du titane avec une teneur limite acceptable de < 0,2%, des alcalins avec limite acceptable < 0,1% et de l'arsenic qui est en traces. On rencontre également d'autres impuretés comme le Vanadium, le Zinc, le Chrome, le Nickel, le Plomb, l'Etain et le Cobalt.

1.2.1.1.2. Les Grès Ferrugineux

Les grès ferrugineux sont des petits gisements de minerais de fer qui sont présent dans le ciment naturel comme l'argile. En d'autres termes ce sont des roches sédimentaires formées des nombreux petits éléments variables qui sont unis dans un ciment naturel. Ces minerais sont de quartzites ferrugineux du Katanguien Inférieur. Cette catégorie des grès proviennent d'une précipitation d'oxydes de fer dans les couches classiques de ciment naturel de base de la catégorie du Roan. Le Gisement le plus connu est celui de Kasumbalesa dont les minerais à hématite-Limonite ont été remaniés par une activité hydrothermale – tectonique lufilienne sous forme de filons à Quartz - spécularite - magnétite recoupant les grès de la Kafufia. Ses réserves sont évaluées à 1,2 millions de tonnes à 60 – 66% Fe. Ce gisement a été exploité par l'Union Minière des Haut Katanga (UMHK) entre 1917 et 1945 pour assurer le fonctionnement de certains fours qui étaient destinés à la production du cuivre.

1.2.1.1.3. L'Hématite massive du Mwashya inférieur

Dans sa publication de 1973 que ces gisements de minerais de fer sont constitués de bancs d'hématite – limonite qui sont observés à la base des dolomies siliceuses du Mwashya Inférieur dans la zone du Cuivre au Katanga. Ce type de minerai s'apparente aux grès ferrugineux. Selon une publication de Lefèvre faite en 1973, la mise en place de cette minéralisation serait liée à un enrichissement en fer du bassin lors de la remontée d'intrusions dolomitiques dont résultent des roches pyroclastiques intersatratifiées dans les dolomies. La roche support pourrait avoir été un grès. Nous n'avons pas d'informations exactes sur les réserves de ce gisement.

Le gisement type est celui de NGUYA sur l'anticlinal de Kapolowe au Katanga. Le gisement de Molulu atteint 54,4% Fe et 21,25 % SiO_2. D'autres gisements similaires s'alignent le long du même axe anticlinal entre Luambo et Mulungwishi, notamment le gisement de Kanunka évalué à 500.000 tonnes de minerais de fer. Il a connu une petite exploitation avant 1945 pour alimenter les fours de la métallurgie du cuivre.

Intiomale a déclaré, dans une publication datant de 1994, les gisements d'hématite massive du Haut – Lualaba et de la Haute – Lufira ont subi également, à leur tour, un remaniement métamorphique lors de la tectonique lufilienne et ont donné naissance à trois sous – types. Il s'agit de sous-type suivant :

- Shiwanda qui quotient des minerais de fer comme de l'Hématite–Martite-spécularite suivant une publication de Van Aubel faite en 1928 ;
- Katumbwana où l'on trouve les minerais à spécularite-magnétite ;
- Kisua renferme uniquement des minerais spécularite.

François affirme que la plupart de ces gisements contiennent une proportion élevée de la gangue de silice constituée principalement de SiO_2. Ces gisements ne sont pas évalués, car ils sont peu explorés. Selon les estimations, les réserves de ces minerais sont classées en deuxième position après celles des itabirites. Le gisement de Ditakata, aux environs de Tenke à une cinquantaine de Kilomètres au Nord – Ouest de Kipushi, atteint 60% Fe avec une teneur indicative de 62,8% Fe et 5,06% SiO_2. Il appartient au type Shiwanda.

1.2.1.1.4. Les Shales Pyriteux

Les gisements de shales pyriteux contiennent des minerais sous la forme des Shales rubanés à lits pyriteux interstratifiés, tectonisés et altérés en hématite au lieu de limonite contenu dans le Mwashya Supérieur au Katanga. Les concentrations les plus importantes sont observées à Kipushi-source, et à Buluwo près de Likasi, dans le prolongement du site de Shituru. Ces minerais sont pauvres en fer environ 7% Fe ou 15% Pyrite comme l'indique Intiomale dans sa publication de 1994. De son côté le Bureau de Recherche Géologique et Minière en sigle BRGM, affirme dans s publication de 1974 que les minerais similaires aux shales pyriteux stratiformes ont été localisés aux sources de la Lua dans la Province de l'Equateur.

1.2.1.2. Les Gisements Discordants

A part la première catégorie de gisements c'est-à-dire des gisements concordants, la République Démocratique du

Congo possède également d'autres types de gisements non de moindre importance dénommés gisements discordants. Ces gisements sont constitués des amas Magmatiques, des amas Métasomatiques, des amas et filons pyriteux, des Disséminations, des filons hydrothermaux à quartz-spécularite, des Filons Hydrothermaux à Baryum de Fer et de cuirasses résiduelles.

1.2.1.2.1. Les Amas Magmatiques

Nous définissons les amas miniers comme des gisements miniers qui sont étendus dans trois dimensions. Ainsi, les amas magmatiques sont de roches provenant des laves de coulées volcaniques. Ces gisements magmatiques à magnétite sont associés aux Syénites à apatite. L'amas connu est celui localisé sur la bordure Ouest de volcan où on y trouve de Carbonatite de Lueshe au Kivu. Conformément à la publication de Meyer et De Béthune en 1956, les minerais contenus dans l'amas magmatique n'ont pas été évalués jusqu'à présent. Il y a nécessité d'organiser des études pour évaluer et pour mieux cerner les réserves quantitatives de ces minerais ; ceci permettra d'examiner la possibilité de développer la sidérurgie dans cette partie de la République.

1.2.1.2.2. Les Amas Métasomatiques

Jamotte défini, dans sa publication de 1950, les amas Métasomatiques comme étant des amas de substitution dans des roches carbonatées tectonisées, attribuées à une présence plus ou moins lointaine d'intrusions acides. Les minerais de ces gisements sont à magnétite. Ils appartiennent à deux types de catégorie :

a. Type Mwana – Kusu : Les informations données par Sluys dans sa publication de 1954, précise que ce gisement à magnétite–spécularite est situé dans des roches de dolomie et dans de gisements attribués au

Raon Inférieur. Ce gisement est situé à 30 Km au Nord-Est de Kasongo dans le Maniema. Il contient des minerais titrant dans l'intervalle de 55% – 69,58% Fe. Comme l'indique Cahen dans sa publication de 1954. Dans ce même type, nous pouvons citer comme exemple le gisement de Kabwe-Malue au Marungu dans le Nord du Katanga. Les réserves n'ayant pas été évaluées ; Il y a nécessité d'organiser des expéditions géologiques pour déterminer ces dernières.

b. Type Lualaba–Signal : Ce gisement, découvert depuis des années, est constitué d'un banc de magnétite épais de 20 m sous–jacent à 10 m de corindon massif dans des calcaires et des dolomies du Kundelungu Inférieur, au sein d'une zone tectonisée. Les informations données par François dans sa publication de 1975 et confirmées par Intiomale en 1994, ces minerais n'ont jamais été évalués. Il n'existe donc pas d'informations sur la quantité des réserves et la qualité de minerais contenus dans ces gisements. Il est souhaitable que des études soient menées à ce sujet en vue de permettre d'envisager le développement de la sidérurgie dans cette région.

1.2.1.2.3. Les Amas et Filons Pyriteux

Les filons sont généralement des masses allongées de roches éruptives ou de substances minérales existant dans le sous-sol au milieu des couches de nature différente. Ainsi, les amas hydrothermaux et filons sont associés et altérés par les eaux météoriques pour former l'hématite massive, dans des zones pincées à la base des dolomies du Kundelungu Inférieur au Katanga. On trouve ce type de gisement principalement dans la province de Katanga. Intiomale distingue deux types de gisement à savoir : types Kaponda et Kisanga.

1. *Type Kaponda :* Ces sont des Amas Pyrite–Hématite–limonite, situés à Kipushi, qui détiennent une réserve dévaluée à 80.000 tonnes avec une teneur de 34,55% Fe. Dans sa publication de 1982, Intiomale confirme que ces minerais contiennent du Cuivre, du Plomb, du Zinc, de l'arsenic, du cobalt ou amas à Limonite–sidérite observés dans les gisements de Kipushi et de Kengere. Les gaines ferrifères des cheminées zincifères de Kipushi appartiennent à cette catégorie. Il en est de même des petits filons altérés en milonite aurifère dans les vallées de la Lukunga et de Nyavikungu, affluents de Lualaba. Des amas pyriteux sont observés également à l'Ouest de Tshela dans la Bas Congo principalement dans la région du Mont Sali. BRGM signale l'existence d'autres amas et filons pyriteux le long de la Likame à l'Equateur.

2. *Type Kisanga II :* Ce sont des Amas à hématite limonite où la réserve est estimée à 2 millions de tonne à 55,6% Fe et 9,5% SiO_2. Ces amas contiennent également des impuretés comme le cuivre, le plomb, le Zinc, le Cobalt. Ce gisement a été exploité par la Gécamines entre Likasi et Kambove. A ce type, appartiennent les gisements de la Mura au Sud de Kambove et de Lumfumfu dans le Haut–Lualaba.

1.2.1.3. Les Disséminations

Les disséminations sont des gisements contenant les oxydes de fer. Intiomale, dans sa publication de 1994, distingue deux types des disséminations d'oxydes de fer qui sont rangées autour de site de Kipushi à savoir le type Musaka et le type Rat.

1. *Type Musaka :* Ce gisement est composé de brèche à disséminations de magnétite–spécularite tel l'affirme François dans sa publication de 1975. Le site de Musaka est situé à 40 Km à l'Ouest de Kipushi. Il n'a pas connu de prospection détaillée ; par

conséquent, il n'existe pas d'informations sur les réserves de ce gisement. Il faut normalement envisager des études plus approfondies pour mieux le cerner.

2. Type Rat : Ce gisement est formé essentiellement de dissémination de fines paillettes de spécularite, résultant du métamorphisme des roches agro–talqueuses triturées enrobant les lambeaux du Groupe des Mines au Katanga.

1.2.1.3.1. Les Filons Hydrothermaux à Quartz–Spécularite

En ce qui concerne les filons hydrothermaux à quartz-spécularite, on observe généralement deux types à savoir le type Mutembwe et le type Mont Sali.

1. Type Mutembwe : Intiomale défini ces genres des filons comme étant ceux regroupant les formations du Katanguien. Les principaux gisements de ces filons sont situés à une soixantaine de Kilomètres au Nord-Ouest de Kipushi, dans la région de Tenke, au sein du Kundelungu. Ces filons ont remanié le gisement de grès ferrugineux de Kasumbalesa. Les informations sur ces filons ne sont encore disponibles ainsi que celles relatives à la quantité de ces réserves.

2. Type Mont Sali : Le gisement du Mont Sali contient particulièrement des filons à magnétite–spécularite dans lesquels on rencontre des occurrences (des dépôts) localisées de pyrite. Ce gisement est situé à 25 Km à l'Ouest de Tshela dans le Bas-Congo. Un échantillon prélevé de ce dernier a donné, après analyse, des résultats intéressants. Selon les résultats obtenus par Cahen et publiés en 1954, ce gisement contient 66% Fe. Ce type de minerai s'apparente à ceux qui se trouvent dans le gisement du Mont Ayena, dans le bassin de la Tshopo, à l'Est de la ville de Kisangani.

1.2.1.3.2. Les Filons Hydrothermaux à Baryum–Fer

Les filons hydrothermaux à Baryum–fer sont également de deux types et sont situés dans le Katanga. On trouve le premier type à Kapumba (aux environs de Kambove) et le deuxième type à Sabinga, non loin de Likasi au Katanga.

1. *Type Kapumba :* Ce gisement est constitué d'une concentration de spécularite en auréole des filons baritifères. Ces filons se pincent à une dizaine de mètres de profondeurs dans les formations du Kundelungu Inférieur. Le gisement de Kapumba est situé à l'Ouest de Kambove au Katanga. Dans leur publication de 1997, Intiomale et Mbuyi qualifient ce gisement comme étant un champ de petits filons de barite de moins de 4 m d'épaisseur et moins de 100 m de longueur. Les informations sur la quantité des réserves de minerais de fer de ce gisement ne sont pas encore disponibles. Cependant, il faut signaler l'existence des occurrences baritifères dans le Schiste–gréseux du Bas-Congo. Il y a peu d'informations concernant ce gisement.

2. *Type Sabinga :* Ce sont des filons à Baryum-Fer-Manganèse, sous forme de barite, de hématite et de manganite qui sont altérées en pyrolusite. Selon les informations données par Intiomale et Mbuyi, le gisement de Sabinga est situé à 30 Km au Nord-Est de Likasi au sein des formations du Mwashya Inférieur. Les réserves minérales ne sont pas connues jusqu'à maintenant. Il faut organiser, dans la mesure du possible, une expédition pour réunir les informations nécessaires concernant ce gisement.

1.2.1.3.3. Les Cuirasses résiduelles

Les cuirasses résiduelles sont des parties de gisement de minerai de fer qui n'ont pas subi de dégradation et qui servent à couvrir les gisements contenant les éléments valorisables. Ces cuirasses résiduelles sont de deux types : Type Suku-Tabi et type Chapeaux de fer.

1. *Type Suku–Tabi_:* Ce sont de fer crêtes à hématite–limonite–gibbsite souvent placées au-dessus des dolérités altérées. Dans sa publication de 1959 Stas, appuyé par Wallast en 1961 affirment que les oxydes de fer sont généralement inclus dans la bauxite. Leurs teneurs vont de 12% à 43 % Fe. On rencontre ce type de minerais dans les régions de Kilo-Moto, dans la province Orientale et dans celle de Seke Banza dans le Bas – Congo. Les réserves ne sont pas connues jusqu'en présent. Il est impérieux que l'on organise des expéditions pour leur évaluation.

2. *Type chapeaux de fer :* Ce type de gisement est constitué de chapeaux de fer que l'on rencontre souvent au-dessus des gîtes sulfurés. La plupart de ces gisements ont été partiellement décapés par des vieilles exploitations qui ont servi à la métallurgie du cuivre, notamment au Katanga. Les réserves de ces gisements ne sont pas également connues jusqu'à présent.

Nous faisons remarquer que ces gisements sont des moindres importances. Cependant, il paraît nécessaire de connaître la quantité de leurs réserves en vue de l'estimation globale pour le pays.

1.2.2. La répartition géographique et l'estimation des réserves des minerais de fer

La République Démocratique du Congo est un immense pays qui regorge plusieurs minerais dans son sous-sol. Dans l'optique de l'implantation et du développement des industries sidérurgiques à travers le pays, il est nécessaire de connaître la répartition géographique des minerais de fer ainsi que la quantité de réserves estimées.

Cette partie, présente la situation géologique de quatre provinces où les études embryonnaires ont été menées. Il s'agit de la province Orientale, du Kasaï Occidental, du Bas-Congo et du Katanga. Cette partie montre aussi les estimations des réserves dans chaque gisement identifié. Dans les quatre provinces citées ci-haut sauf le Bas-Congo, on distingue principalement deux types de minerais de fer qui sont le type Moto et le type Asonga.

- **Le Type moto :** Ce type de minerai est principalement localisé dans deux régions suivantes : la région de Kilo et celle de Moto situées dans la province Orientale. Ce même type de minerai se trouve également dans les régions de Luebo au Kasaï Occidental et de Kanda–kanda dans la province du Katanga. Dans la région de Kilo et de Moto, on les rencontre principalement et précisément à :

a. Mont Go, Ami et plus au Nord à Mont Kodo dans la province Orientale. Misra et Raucq dans leur publication de 1987 annonce que ces gisements de minerai de fer contiennent des réserves énormes de minerai d'hématite environnant 300 millions de tonnes situés dans des roches albitisées et silicifiées à ankérite, pyrite et arsénopyrite. Ces réserves renferment des faibles quantités de gangues.

b. Mont Maie où est localisé un gisement dont les études ont signalé la présence des minerais de fer contenant des teneurs de l'ordre de 45,7% Fe ainsi que de quantités élevées de gangue évaluée à 30,2 % SiO_2. Ces minerais exigent un traitement particulier et coûteux pour séparer le minerai de fer et la silice. La quantité des réserves des minerais de ce gisement n'est pas connue jusqu'à présent ; il faut donc mener des études à ce sujet.

Dans la Région de Moto dans la province Orientale, on signale également la présence des minerais de fer riches contenant de teneurs élevées en éléments valorisables capables d'assurer le développement de l'industrie sidérurgique. On trouve ces minerais principalement à :

a. Mont Likamwa : les minerais présents dans cette montagne contiennent des éléments valorisables dont le fer avec des teneurs indicatives de l'ordre de 50,4% Fe et de 25,3 % SiO_2 qui constitue la gangue trouvée autour du fer. Nous faisons remarquer que ce minerai est classé dans la catégorie de minerai riche avec de teneurs élevées en gangue. Il faut utiliser des techniques adaptées pour la séparation du minerai du fer et la silice (gangue). La quantité de réserves de ce minerai n'est pas encore connue jusqu'à présent ; les études doivent être menées pour donner des informations précises à ce sujet.

b. Mont Tina : cette montagne détient des minerais contenant des teneurs ponctuelles dans certains endroits de l'ordre de 68% Fe et de la silice (SiO_2) élevée. On évalue les réserves dans ces gisements aux environs de 100 millions de tonnes estimées de minerais. Mais, la teneur élevée en silice le désavantage pour l'exploitation. Il faut des techniques particulières pour assurer la séparation entre l'élément valorisable et la gangue.

c. Mont Gaima : cette montagne renferme des minerais qui ont de teneurs de l'ordre de 69% Fe et d'environ 0,80% SiO_2. La faible teneur de la gangue est un élément favorable pour l'exploitation de ce gisement de minerais de fer en vue d'envisager le développement de la sidérurgie dans cette région. Les réserves estimées sont faibles ; les prospections doivent continuer aux environs pour déterminer la situation géologique réelle. Nous confirmons que ce minerai est très intéressant pour le développement de la sidérurgie à cause de sa faible teneur en gangue.

Dans la région de Luebo dans province de Kasaï Occidental, on trouve le même type des gisements principalement à Djoku Punda. On rencontre dans ces gisements de minerais de fer avec une gangue quartzo–phylladeuse alternant avec des lits d'oxydes de fer sous forme d'ilots résiduels de 50 à 100m de relief tel que l'a indiqué Raucq, dans sa publication de 1969. Ces minerais exigent un traitement particulier pour son enrichissement ou son agglomération. La teneur moyenne est estimée à 42% Fe environ. Ces minerais sont classés dans la catégorie des minerais riches. Les prospections minières envisagées pour cette région sont encore à poursuivre pour déterminer les réserves de ces gisements dans cette région.

Dans la région de Kanda–Kanda dans la province du Katanga, Morelli et Raucq dans leur publication de 1962, signalent la présence des séquences amphibolitiques à Hématite – magnétite – martite. Les réserves ne sont pas indiquées ; les études doivent continuer pour circonscrire la quantité réelle.

- **Le Type Asonga :** On trouve ce type de gisement dans les régions de Wamba, d'Isiro, de Bima, le long du chemin de fer Vici-Congo, de Panga dans la province Orientale. On le découvre également dans les régions de Luebo au Kasaï Occidental et de Lomami au nord Katanga.

1. Dans la région de Wamba, le gisement se localise précisément au Mont Asonga qui se situe à 50 Km à l'Ouest de ce territoire. Dans ce gisement, on observe des bancs métriques à magnétite–spécularite avec des teneurs atteignant 70 % Fe. Par contre, le gisement de Baswabio est constitué uniquement des minerais purs à spécularite. Cahen affirme dans sa publication de 1954

que les gisements de Mont Bahengo détiennent des bancs de 1 à 3 m contenant de la magnétite-spécularite. Ce genre de gisement est intéressant. Mais, l'évaluation de réserves doit faire l'objet des études pour les déterminer.

2. La région d'Isiro a des gisements dans lesquels est allongé un plateau qui va du Sud-Est au Nord–Ouest. Ce plateau, ainsi que ceux identifiés dans la région de Mont Manjemma et aux environs de Poko, ont des teneurs en fer convenables. Les informations sur le type de minerai qui se trouve dans cette région ne sont pas connues ; signalons tout de même que ce gisement a connu une faible exploitation. Il faut organiser des prospections pour évaluer les réserves et connaître le type de minerai situé dans cette région.

3. Dans la région de Bima située dans le degré de Zobia, le long du chemin de fer Vici – Congo, on a remarqué les indices indiquant la présence de minerais de fer. Les réserves contenues dans le Mont Kamwapulukpuluk sont évaluées à 60 millions de tonnes avec des teneurs de l'ordre de 60% Fe. Ce minerai est classé dans la catégorie de minerais riches. Dans certains endroits, on rencontre des minerais avec des teneurs ponctuelles de 65% Fe et 2,01% SiO_2. Ce qui montre que ce gisement est intéressant et peut être exploité pour assurer le développement de la sidérurgie. Etant donné qu'il contient peu de silice. Ce minerai peut être utilisé pour élaborer des aciers de haute qualité.

4. Dans la région de Panga située au Nord- Est de Banalia, on rencontre aussi quelques gisements importants notamment à :

a. Monts Nabuo et Atakambele où sont localisés des gisements importants contenant des réserves de minerais de fer titrant autour de 65% Fe avec faibles teneurs en silice. Ces minerais sont riches et peuvent permettre le développement d'une industrie sidérurgique;

b. Monts Mbomo dont la chaîne s'étend sur 50 Km de long avec un relief de 100 à 150 m au–dessus des vallées. Les réserves pourraient atteindre 900 millions de tonnes de minerais avec une teneur de 34 % Fe dans lequel au moins 500 millions de tonnes titrent à 65 % Fe et contiennent peu de gangue (silice). Ce gisement est divisé en trois unités :

- Mbomo principal : ce gisement renferme une réserve de 8,6 millions de tonnes à 63% Fe avec faible teneur en gangue ;
- Mbomo Ouest est un gisement qui dispose également d'une réserve de 25,8 millions de tonnes à 63% Fe avec faibles teneurs en gangue ;
- Mbomo Sud détient à son tour 0,84 millions de tonnes à 65% Fe de réserve avec peu de silice.

c. Les Monts Bokwadisa et Lebago sont des gisements qui possèdent des réserves évaluées respectivement à 29,4 millions de tonnes à 68,7% Fe pour le premier et 76 millions de tonnes à 67 % Fe pour le second ;

d. Le Gisement de Pulukpuluk–Longele est évalué à 84 millions de tonnes à 67 % Fe avec faible teneur en silice. Ce gisement est bien indiqué pour le développement de l'industrie sidérurgique dans cette partie de la République.

1. Dans les provinces du Kasaï Occidental et du Katanga (Lomami), Morelli et Raucq, dans leur publication de 1962 ont signalé l'existence des Itabirites dans des séquences amphibolitiques des Monts Kinonga, Kielu et Mulundu aux environs de Luiza. Ils ont fait remarqué signalé également, dans cette région,

la présence des bancs à magnétite–spécularite qui atteint 67,5% Fe et 2,1 % SiO_2 à Kinonga ; 30,5% à 53,5% Fe et 2,1% SiO_2 à Kielu et 65,10% Fe et 2,70% SiO_2 à Mulundu. Ces genres de gisements peuvent faciliter l'implantation et le développement de l'industrie sidérurgique et permettre l'obtention les produits sidérurgiques de qualité.

2. Dans la région Nord – Katanga, il existe des gisements potentiels dans le massif de Muhali mais peu explorés et non exploités. Pour ces gisements, on ne dispose pas encore des données fiables concernant la qualité et quantité des réserves de minerai de fer.

A l'examen de ce tableau, on remarque que la République Démocratique du Congo est réellement un scandale géologique en tenant compte de la qualité, de la quantité et de la diversité de minerais de fer. La plupart de ces gisements est très riches en minerai de fer et pauvre en gangues. Cette situation présente un avantage majeur dans le processus de l'exploitation de minerais de fer. Partant de cette réalité, il est possible d'envisager le développement de l'industrie sidérurgique dans notre pays et principalement dans ces provinces où sont localisés les différents gisements. Nous pouvons confirmer ainsi que la République Démocratique du Congo dispose des matières premières de grande qualité et d'une quantité de réserves importantes pour la croissance et l'épanouissement du secteur de la sidérurgie.

1.3. Les Carapaces Latéritiques

Ce sont des gisements répandus dans toutes les provinces de la République Démocratique du Congo. Ces carapaces proviennent des travaux de battement saisonnier des niveaux piézométriques mobilisant des hydroxydes de Fer. Les minerais trouvés dans ces sites ont des teneurs en fer atteignant 50% localement, sur une dizaine de mètres à partir de la surface. En d'autres termes, ces gisements sont constitués des résidus de fer issu de l'abattage saisonnier au cours du temps. Ces résidus se rassemblent et forment une croûte de quelques mètres à partir de la surface.

Ces gisements contiennent de minerais de fer riches exemptés de gangues, mais ne peuvent pas suffire pour le développement d'une sidérurgie à cause de son insuffisance quantitative. Raison pour laquelle ces genres de gisement ne font jamais l'objet de prospection. Ces gisements peuvent néanmoins être exploités pour le fonctionnement des fours de la métallurgie du cuivre ou autres.

Cette description détaillée des réserves de minerai de fer dans notre pays montre en suffisance l'intérêt que doit porter le pouvoir public à développer le secteur de la sidérurgie. Son développement va contribuer, à coup sûr, à la consolidation de l'industrie congolaise. Nous croyons au sursaut de patriotisme de l'élite congolaise pour que notre pays puisse retrouver sa place de leader industriel et économique dans le continent, d'autant plus qu'il répond aux préalables exigés pour l'installation et l'extension de l'industrie sidérurgique.

Conclusion

Tout au long de ce chapitre, il a été question d'évaluer qualitativement et quantitativement les différents gisements de minerais de fer ainsi que leurs localisations géographiques sur l'étendue du territoire national. L'évaluation des minerais de fer montre que la République Démocratique du Congo renferme une grande diversité de cette matière première avec de teneurs différentes susceptibles d'être exploités dans l'industrialisation en général et dans la sidérurgie en particulier.

Suivant les études menées jusqu'à ces jours, les gisements de minerais de fer sont localisés géographiquement dans les provinces du Bas-Congo, du Kasaï Occidental, du Katanga et de la Province Oriental. Ces emplacements géographiques sont favorables au développement de l'industrie sidérurgique à travers le pays. L'immensité de la diversité de minerais de fer a permis de les classer en douze catégories dont quatre sont considérés comme gisements concordants et huit comme gisements discordants.

L'évaluation de différents gisements a donné des informations fiables sur la quantité de réserves en minerais de fer. L'estimation des réserves en minerais de fer datant de 2011, a classé la République Démocratique du Congo à la cinquième position au niveau mondial avec 11,76%. Sur les 80 milliards de tonnes de réserves de minerais de fer pour toute l'Afrique, notre pays détient 20 milliards de tonnes soit un quart de potentialité du continent. Malgré ces estimations, les informations sur certains gisements ne sont pas encore connues ; les études doivent ainsi se poursuivre pour déterminer leurs contenus notamment dans la province de l'Equateur, dans le Maniema ainsi que dans le Nord et Sud Kivu.

D'une manière générale, les minerais de fer de notre pays sont qualitativement très appréciables dans ce sens qu'on retrouve des minerais très riches, des minerais riches ainsi que les minerais pauvres. Les minerais très riches ont de teneurs supérieur ou égale à 60% ; les minerais riches ont, quant à eux, des teneurs en fer comprises entre 50% et 60% ; pour les minerais pauvres, les teneurs sont en dessous de 28%. Les minerais très riches et ceux qualifiés de riches sont éligibles pour le développement de la sidérurgie. Tandis que les minerais pauvres sont destinés à un usage spécial. En d'autres termes, toutes les catégories de minerais de fer de notre pays sont utiles.

Certains gisements contiennent de minerais de fer très riches avec de faibles teneurs en gangue ; d'autres par contre renferment de minerais de fer accompagnés de beaucoup de silices (SiO_2). Dans le premier cas c'est-à-dire de minerais de fer riches avec de faibles teneurs de gangue, il est possible de procéder à leur exploitation pour le développement de l'industrie sidérurgique. Dans le deuxième cas c'est-à-dire de minerais de fer riche avec teneur élevée de gangue, il faut faire recours aux opérations de séparation qui sont généralement coûteuses car elles exigent une technologie élaborée.

L'évaluation de gisements a permis également de découvrir l'existence de minerais de fer pauvres qui ont selon le cas, avec une faible teneur ou teneur élevée en silice (SiO_2). Dans cette configuration, la sidérurgie peut recourir à ces genres de minerais c'est-à-dire les minerais de fer pauvres avec faible teneur en gangue en l'utilisant comme fondants. Cependant, la possibilité de recourir aux minerais de fer pauvres, ayant une teneur élevée en gangue, peut entrainer des coûts très élevés pour le développement de la sidérurgie.

L'évaluation des gisements de minerais de fer a démontré aussi que notre pays renferme des réserves importantes de cette matière première. Les résultants de différentes études déjà réalisées prouvent à suffisance que la République Démocratique du Congo répond à la première exigence pour la croissance des industries sidérurgiques. La répartition géographique des gisements, la diversité et l'immensité de minerais de fer, à travers le territoire national, peuvent contribuer à faire de notre pays un producteur d'acier de haute qualité et le placer ainsi parmi les grandes nations qui élaborent les aciers.

Il est donc impérieux que nous puissions prendre conscience et nous engager à transformer nos différentes potentialités en richesse réelle en vue de permettre à notre pays d'occuper la place qui lui convient dans les concerts des nations ; et surtout de permettre à la population d'en bénéficier. Pour ce qui nous concerne, les moyens par excellence de convertir les minerais de fer en richesse réelle, c'est le développement de la sidérurgie. Car, les industries sidérurgiques ont la capacité d'exploiter les minerais de fer, dans leurs chaînes de production, pour la fabrication des éponges de fer ; à partir desquelles on élabore des aciers qui sont transformés en différents produits sidérurgiques.

L'exploitation des minerais de fer grâce à l'essor de la sidérurgie va certainement faire de la République Démocratique du Congo un grand producteur des aciers en Afrique et dans le monde. Notre pays peut également devenir un grand producteur et exportateur des produits sidérurgiques. Nous avons les moyens et les capacités nécessaires pour réaliser cette vision. La présence des gisements très riches en élément valorisable (fer) et pauvre en silice (SiO_2) est favorable à l'exploitation industrielle des minerais de fer. Nous en appelons donc à la conscience et à la volonté des autorités de notre pays pour un investissement dans ce domaine précis. Certes, cet investissement est coûteux mais très viable pour le développement d'un pays aussi vaste qui est doté d'immenses ressources naturelles.

Nous pensons que le temps est venu où notre pays doit mettre tout en œuvre pour transformer ces innombrables potentialités en richesses réelles. L'un de moyens d'y parvenir consiste à l'exploitation des minerais de fer disponibles pour le développement des industries sidérurgiques sur toute l'étendue du territoire national. L'existence quantitative et qualitative de ces minerais impose à notre nation d'avoir la vocation de jouer un rôle primordial dans le domaine des industries sidérurgiques au niveau régional et Africain. Car, toute bonne conscience n'arrive pas à s'expliquer la non exploitation de l'industrie sidérurgique en République Démocratique du Congo alors que la condition majeure pour son implantation est pleinement réunie.

CHAPITRE 2
LE CHOIX DE LA TECHNOLOGIE ADAPTEE A L'INDUSTRIE SIDERURGIQUE

2.0. Introduction

L'importance de la technologie, science de la production explique l'intérêt que revêt le choix de méthodes adaptées pour répondre à plusieurs exigences liées à la compétitivité. Cette compétitivité repose normalement sur la maîtrise des techniques industrielles utilisées qui conduit à la fabrication des produits dont la qualité doit satisfaire le marché. Il existe, en effet, deux types de schémas pour l'élaboration des aciers. Le premier appelé schéma classique ou filière de Haut Fourneau, c'est-à-dire la filière par laquelle l'obtention des aciers passe nécessairement par les fontes. Le deuxième schéma appelé filière intégrée constitue le schéma par lequel l'élaboration des aciers se fait à partir des mitrailles ferreuses ou des éponges de fer. Le choix de la technologie et l'orientation du schéma de production de l'acier doivent ainsi tenir compte de la présence des minerais de fer qui sont des matières premières et des éléments auxiliaires comme le gaz réducteurs, le charbon etc. La République Démocratique du Congo dispose de tous ces éléments sur son territoire ; il peut donc se permettre d'opérer un choix judicieux quant à la technologie pour l'élaboration des aciers.

Pour le développement du secteur sidérurgique il faut opérer le choix entre les deux schémas à savoir le schéma classique et le schéma intégré. En d'autres termes, le choix de la technologie doit s'opérer au préalable pour faciliter l'investissement. Chaque schéma présente des avantages et des inconvénients. Concernant notre pays, nous privilégions le schéma intégré. Car, ce choix permet de recourir aux mini-usines de production d'aciers qui sont plus compétitives ; et qui utilisent comme matières premières des ferrailles ou des éponges de fer pour l'élaboration des produits sidérurgiques de types variés. Les produits issus de mini-usines c'est-à-dire les aciers servent à la fabrication de demi-produits métalliques, à l'occurrence des tôles, des plaques, des barres, des fils, des profilés divers, des tubes, de cornières, etc....

Par contre, la filière classique a plusieurs exigences pour sa réalisation notamment la présence du coke ou du charbon n'est pas disponible dans notre pays, la construction de Haut Fourneau avec ses annexes et la main d'œuvre qualifiée. Les aciers produits par cette filière sont plus coûteux par rapport à ceux obtenus par la filière intégrée. Raison pour laquelle nous ne conseillons pas l'usage de cette filière pour l'essor de la sidérurgie dans notre pays.

2.1. Procédés de transformation des minerais de fer en produits sidérurgiques

Nous présentons à la figure 2.1, de manière synthétique, les deux filières de transformation du minerais de fer jusqu'à l'obtention des demi-produits en acier provenant soit d'une usine sidérurgique classique c'est-à-dire filière fontes soit d'une usine sidérurgique intégrée utilisant des ferrailles ou des éponges de fer comme matière première appelé filière ferrailles.

Cette figure montre clairement le fonctionnement de ces deux filières dont la différence se situe au niveau de matières premières à utiliser et des techniques de transformation de celles-ci en acier liquide. Il faut signaler, qu'après la mise en nuance les deux filières utilisent la même technique pour obtenir les lingots.

La figure 2.1 ci-dessus présente les quatre étapes nécessaires pour la réalisation du processus consacré à la fabrication des produits sidérurgiques comme les plaques, les poutrelles, les profilés, les tôles en feuilles, les cornières, les barres de fer et divers. Comme on peut le constater, les deux filières ont les mêmes étapes qui conduisent effectivement à la fabrication des divers produits sidérurgiques. Ces étapes sont les suivantes :

a. La métallurgie primaire ou extractive : c'est la première transformation qui part du minerai pour aboutir au métal qui est soit liquide, soit sous forme d'éponge solide très poreux, soit en poudre. Les produits obtenus à partir de cette opération constituent la base des aciers et alliages ;

b. La métallurgie secondaire : est un procédé qui consiste en un traitement du métal liquide obtenu soit directement dans la première étape, soit par refusions avant la coulée. Elle comporte plusieurs opérations successives ou combinées tels que l'affinage, la mise en nuance, la coulée et la solidification. L'acier liquide est soit coulé en lingots, soit par la coulée continue pour obtenir les brames, blooms ou billettes qui vont être laminés pour avoir des produits sidérurgiques solides plats ou des produits sidérurgiques longs;

c. La mise en forme par des transformations thermomécaniques donnant à la fois la forme, la structure métallique et une partie des propriétés finales aux demi-produits ;

d. Les demi-produits vont enfin subir de nouvelles transformations pour leur conférer les propriétés d'utilisation issues de différents traitements comme les traitements thermiques, les traitements de surface, etc.

2.2. Les Filières de production d'aciers

Dans sa publication de 1957, Colombier a évoqué l'existence de deux filières ou schémas de production d'aciers. Il s'agit de la filière classique et de celle appelée intégrée. Le fonctionnement de ces deux filières est distinct.

La filière classique utilise de minerai tout venant c'est-à-dire à l'état brut, en passant par le Haut-fourneau pour la production de la fonte qui par la suite va subir des transformations et être convertie en aciers. La filière intégrée utilise, par contre, les ferrailles ou les éponges de fer pour l'élaboration des aciers. L'évolution de la science et de la technique a entrainé l'usage des éponges de fer en lieu et place des ferrailles.

Car, la reconstitution d'un parc de ferrailles prend environ dix ans. Les éponges de fer sont des produits issus de la réduction directe de minerais de fer et sont obtenues particulièrement par les réducteurs solides ou gazeux.

Pour être plus explicite, la filière classique appelée aussi filière des fontes consiste à utiliser les minerais de fer et le charbon comme matières premières qui sont versés dans le Haut Fourneau pour l'obtention de la fonte liquide. Cette fonte liquide est convertie en acier liquide grâce à un convertisseur. L'acier liquide est ensuite versé dans la poche de coulée pour la mise en nuance de ces derniers. De cette coulée qui est soit continue soit en lingots, on obtient alors des aciers solides sous forme des brames, des blooms ou des billettes. Ces aciers vont passer enfin à l'étape de laminage pour l'obtention des produits sidérurgiques.

Concernant la filière intégrée appelée encore la filière des ferrailles, le processus de l'élaboration de l'acier se résume de la manière suivante : les ferrailles sont placées dans le four électrique à arc où elles sont fondues en acier liquide qui sont versés dans la poche de coulée pour la mise en nuance et enfin pour être coulé en vue d'obtenir des brames, des blooms ou des billettes. Ces derniers sont ensuite laminés pour l'obtention des produits sidérurgiques.

Comme on peut le constater, les deux filières ont besoin des minerais de fer pour l'élaboration des aciers, quoi qu'elles recourent chacune, à une technologie appropriée et distincte. C'est ainsi que Jacques ASTIER affirme que la République Démocratique du Congo est parmi les pays en développement possédant une abondance des matières premières disponibles pouvant assurer l'épanouissement d'une industrie sidérurgique de grande importance.

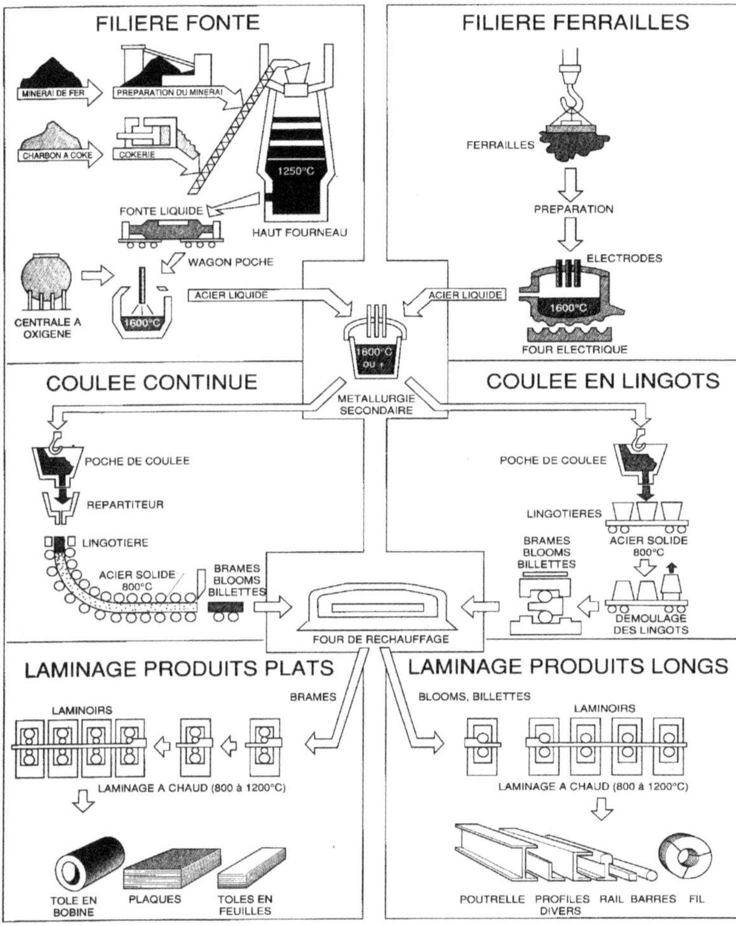

Figure 2.1. Schémas d'élaboration et de fabrication des demi-produits en acier.[Jean Philibert et al, 1998]

2.2.1. La filière classique

Dans cette filière, la fonte est produite dans les Hauts-Fourneaux, étape intermédiaire et obligatoire entre le minerai de fer et l'acier. Ainsi, la fonte obtenue par cette filière va subir des modifications de composition par convertissage pour donner finalement de l'acier. L'unité de production de fonte à partir du minerai de fer et de charbon est essentiellement articulée autour du Haut-Fourneau comme illustré à la figure 2.2. A côté de ce dernier, certains réacteurs auxiliaires participent au conditionnement des matières premières. Parmi ces réacteurs auxiliaires, nous citons : la cokerie qui transforme le charbon en coke par pyrolyse, l'agglomération qui aide à transformer le minerai de fer à des concentrés appelées des agglomérés, les cowpers qui servent au préchauffage de l'air du combustible et à l'épuration de gaz afin d'éliminer les poussières contenues dans l'atmosphère.

Ainsi pour obtenir de l'acier, la fonte doit subir un certain nombre d'opérations dont l'affinage et le convertissage comme nous l'avions dit plus haut. L'opération de convertissage de la fonte liquide consiste à éliminer des éléments indésirables ou nuisibles contenus dans la fonte liquide tels que le soufre (S), le phosphore (P), l'oxygène (O_2), et d'autres pour l'obtention ou d'élaboration de l'acier liquide.

L'opération de transformation de la fonte en acier appelée convertissage consiste donc à une oxydation des éléments contenus dans la fonte liquide comme le carbone (C), le manganèse (Mn), le Silicium (Si) et le phosphore (P). Cette opération, qui a été mise en place en 1855 par Bessemer, se fait par le contact entre le métal liquide et l'air ou l'oxygène. Par contre, l'opération d'affinage permet de réduire la teneur en carbone et à conditionner les additions des éléments d'alliage nécessaires à l'obtention des propriétés recherchées. Nous présentons le résumé de différentes étapes d'affinage dans le tableau 2.1 ci-dessous.

Tableau 2.1 : Différents étapes de l'affinage et de convertissage de la fonte

Opérations	**Réacteurs métallurgiques**
- Désulfuration	Poche à fonte
- Décarburation - Désiliciation - Déphosphoration	Convertisseur
- Désoxydation, décantation des inclusions - Réglage de la composition et de la température - Désulfuration par brassage métal – laitier	Poche à acier
- Décarburation (acier à très bas carbone) - Déshydrogénation - Désoxydation	Traitement sous vide

(a)

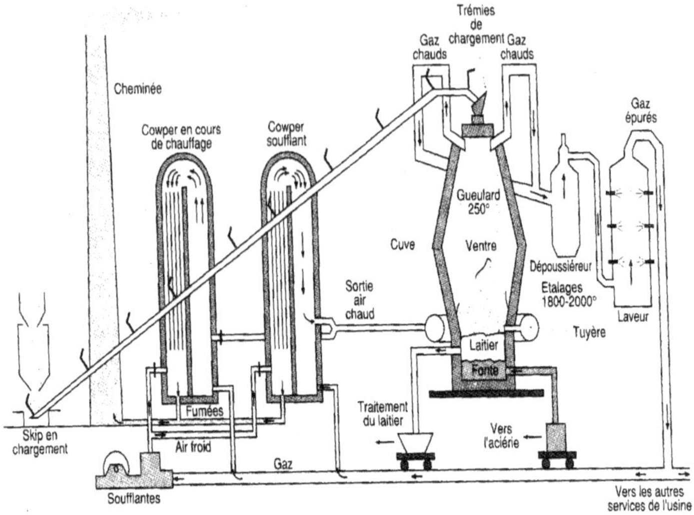

(b)

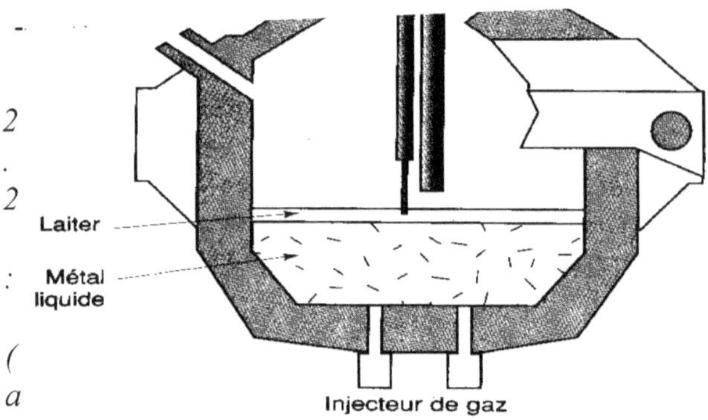

Figure 2.2 : (a) Schéma de fonctionnement du Haut-Fourneau pour la production de la fonte ;

(b) Schéma de fonctionnement du convertisseur de la fonte en acier.

Les sidérurgistes passent toujours par ces différentes étapes de traitement de la fonte pour obtenir des aciers. Ces étapes sont : le préchauffage, le convertissage proprement dit et l'affinage secondaire. Toutes ces opérations rendent les produits coûteux. Elles demandent beaucoup de compétences pour atteindre des faibles teneurs en éléments considérés nuisibles. Cette filière ne présente pas des avantages pour la République Démocratique du Congo, pour la simple raison que certaines matières premières utiles pour l'élaboration de la fonte, à travers le Haut-Fourneau, sont à importer.

2.2.2. La filière intégrée

Dans cette filière, on utilise les fours électriques à arcs pour réaliser les opérations de fusion, d'extraction et d'affinage en passant par la réaction métal-laitier. La fusion est obtenue au moyen d'arcs électriques puissants qui jaillissent au contact entre l'électrode et la charge. C'est cet arc qui fond la mitraille ou l'éponges de fer.

L'élaboration d'aciers à partir de ferrailles se fait au four électrique, l'abondance de l'énergie électrique et sa souplesse dans l'utilisation conduit à l'extension de ce procédé dans la fabrication d'aciers de toutes nuances c'est-à-dire des aciers non-alliés aux aciers spéciaux. Les fours de fusion à arcs triphasés fonctionnent en courant alternatif avec arc émergé. Ils sont constitués d'une poche ayant la capacité de 150 à 180 tonnes/heure pour une consommation d'énergie électrique de 400 à 600 KWh/tonne.

Les fours les plus récents sont à courant continu mono électrode. Avec ces fours, la fusion des ferrailles ou éponges de fer, est plus rapide et plus régulière. Les pertes thermiques sont plus faibles à cause du comportement de l'arc électrique qui va de la pointe de l'électrode vers le bain et tourne plusieurs fois par seconde de façon aléatoire sous l'effet des forces électromagnétiques. A la figure 2.3, nous présentons le schéma de fonctionnement de ce dispositif. La mise en nuance se fait dans une poche ; le traitement se passe généralement sous vide. Il permet de faire la coulée en lingot ou la coulée continue. On obtient, pour le premier des cakes et pour le deuxième des brames, des billettes ou des blooms.

A partir de ces éléments, on peut les transformer en produits sidérurgiques les plus recherchés comme les tôles, les plaques, les poutrelles, les profilés divers, les rails, les barres de fer, les fils, etc. Tous ces produits sont nécessaires à la reconstruction de notre pays et au renforcement de son économie. Ils peuvent servir également à la croissance du secteur industriel par l'implantation de différentes mini-usines qui vont participer à la compétitivité dans le marché et amener ainsi une plus-value dans le développement de la République Démocratique du Congo.

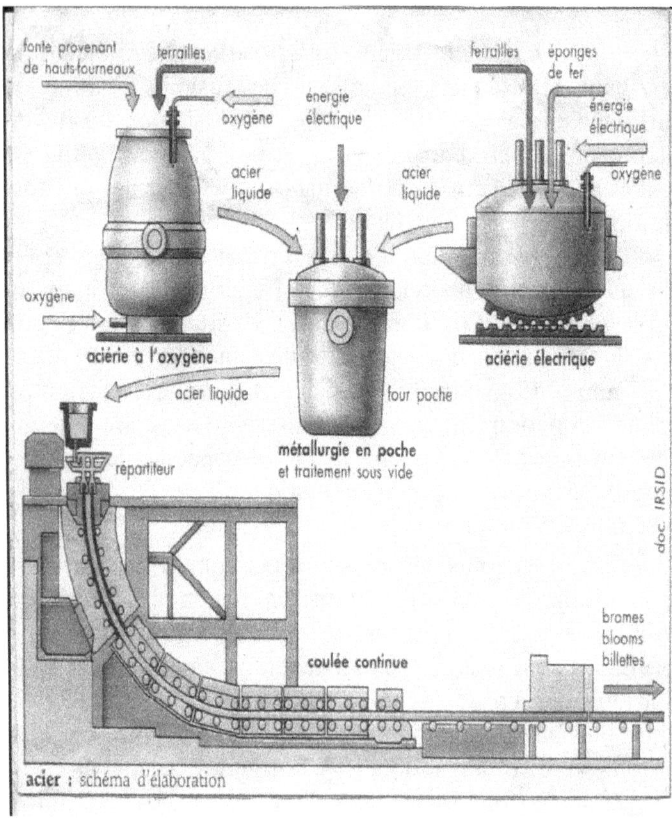

Figure 2.3. : Schéma de la filière intégrée

Nous insistons sur le fait que, dans cette filière le gaz joue un rôle très important dans le processus de réduction de minerais de fer en vue de la fabrication des éponges de fer. La République Démocratique du Congo regorge des réserves énormes de gaz naturel qui peuvent servir comme réducteur dans le processus de fabrication des éponges de fer. Il est incompréhensible de constater que ce gaz demeure inexploité par notre pays. Alors que plusieurs pays possédant le gaz naturel cherchent les moyens d'utiliser cette denrée pour la production des aciers. C'est ici l'occasion de dénoncer des gaspillages énormes du gaz contenu dans les gisements de pétrole; cependant, ce gaz pourrait servir à d'autres opérations telles que la production de l'énergie électrique ou celle des aciers.

On trouve également le long du lac Edouard de gisements de pétrole où sont brûlées des quantités importantes de gaz. Ce gaz, peut être récupéré pour autre usage tel que la fabrication des éponges de fer. L'exploitation du gaz du lac Kivu, ainsi que ceux contenus dans les différents gisements de pétrole peut permettre à la République Démocratique du Congo de se placer sur l'orbite de grands producteurs des éponges de Fer et des Aciers diversifiés de très hautes qualités. Car, le lac Kivu, contient, à lui seul, environ 250 milliards de m^3 de gaz carbonique (CO_2), 55 milliards de m^3 de méthane (CH_4), 5 milliards de m^3 d'azote (N_2) ainsi que les traces de beaucoup d'autres gaz.

2.3. La Production des éponges de fer

La croissance industrielle mondiale a entrainé une augmentation considérable de la demande des aciers. L'insuffisance des ferrailles pour satisfaire aux besoins des usines de l'élaboration des aciers, a conduit à la recherche des substituts ou des matières de remplacement des ferrailles. D'où l'option de fabrication des éponges de fer qui est un processus permettant la croissance de la productivité des unités servant à la production des aciers.

Si la fonte constituait une solution par excellence à la l'élaboration des aciers, les minerais réduits (DRI ou HBI) ou les éponges de fer en constituent une autre plus intéressante, spécialement là où le gaz naturel est abondant et bon marché. Les procédés basés sur les réducteurs solides comme le charbon peuvent encore être utilisés et apporter une solution plus générale. Mais, cette solution comporte des faiblesses liées à l'utilisation des réducteurs solides avec comme conséquence la baisse des capacités unitaires de production avec les méthodes existantes.

La réduction directe de minerais de fer permet d'obtenir l'acier sans passer par la fonte ou par la fusion des minerais. En d'autres termes, ce procédé consiste à produire l'éponge de fer par la réduction directe des oxydes de fer, sans atteindre la température de fusion du Fer de 1538°C. La réduction se fait soit par un gaz soit par un solide. Nous privilégions l'option de faire la réduction par le gaz étant donné que notre pays dispose d'énormes réserves de cette matière première.

Les différents procédés de réduction des minerais de fer peuvent se classer suivant le comportement du minerai lors du chauffage direct ou indirect. Aussi, le comportement des réducteurs tient toujours compte du processus qui conduit à l'obtention d'un fer solide ou d'un fer liquide. Nous devons préciser que les processus les plus économiques sont ceux dans lesquels le chauffage est direct et qui donnent un produit solide dit « *Eponge de fer*».

On distingue généralement deux types de procédés selon que l'on a recours aux réducteurs solides tels que le charbon, le coke, la tourbe, etc… et aux réducteurs gazeux comme l'oxyde de carbone, le gaz naturel, etc. Chaque procédé présente des avantages et des inconvénients selon le but recherché.

- Comme avantage, nous pouvons citer la possibilité de délocaliser l'unité de réduction quand le gisement est épuisé, on peut démonter les outils de production pour les installer dans un nouveau gisement. Il y a aussi le fait que les produits issus de cette réduction c'est-à-dire les éponges de fer sont facilement transportés vers les lieux de leur transformation en aciers.

- Comme inconvénient, nous pouvons faire remarquer le refroidissement de minerai réduits pendant le transport nécessite un chauffage ultérieur pour effectuer les opérations de transformation en aciers. Contrairement à la fonte qui, transportée à l'état liquide, conserve la chaleur facilitant ainsi son utilisation à l'état chaud vers les aciéries à l'oxygène.

Toutefois, nous devons faire remarquer que la réduction directe exige des minerais riches en fer. Cette situation est favorable pour les opérations d'élaboration des aciers. Cependant la gangue du minerai doit être faible ou limitée. Dans cette perspective, nous devons tenir compte du double aspect que présente cette limitation.

- premier aspect, cette limitation présente des avantages dans la mesure où elle permet de conserver l'environnement et de réaliser des économies d'énergie. L'utilisation de minerais réduits très riche en fer et très pauvres en gangue, favorise la diminution de la production des scories en faisant des économies de fondants et d'énergie.
- deuxième aspect, cette limitation risque de restreindre les possibilités d'alimentation d'une unité de réduction directe. Cependant, si le minerai de fer est très concentré la limitation peut être levée.

2.3.1. Les Procédés utilisant des réducteurs solides

Les procédés utilisant des réducteurs solides sont nombreux, à ce titre nous présentons quelques exemples en guise d'illustration.

1. Le procédé Högonäs qui utilise un minerai pulvérulent avec (71% Fe, 0,001% S et 0,01% P) et un charbon avec 30% de cendres chauffé entre 1000°C et 1100°C dans un creuset. On

obtient alors une éponge de fer contenant 96% à 97% Fe avec 2% à 3% de gangue, 0,01% à 0,2% S, 0,012% P et 1% à 2% O_2.

2. Le procédé Domnarvet se distingue du précédent par le mode de chauffage. Sa charge est composée d'un mélange de minerai de fer et de fines de charbon ou de poussières de coke. Le charbon ou le coke joue à la fois le rôle de réducteur et de combustible. On obtient alors une éponge de fer.

Un des inconvénients de procédé avec réducteurs solides réside par le fait que le contact minerai–coke provoque, en premier lieu, un enrichissement de l'éponge de fer en soufre et d'autres éléments nuisibles ; ensuite on rencontre quelques difficultés telle que la réoxydation partielle du métal au cours du refroidissement de l'éponge de fer, qu'il faut éviter.

Ce procédé n'est pas souhaitable pour la République Démocratique du Congo ; étant donné que les réducteurs solides, ayant un pouvoir calorifique approprié, doivent être importés des pays producteurs du charbon. Cela va nécessiter des frais supplémentaires et exiger des devises pour faciliter l'importation.

2.3.2. Les Procédés utilisant des réducteurs gazeux

Parmi les procédés basés sur les gaz, on distingue deux d'entre eux qui ont connu un développement considérables ; il s'agit de procédés :

- MIDREX qui englobe la majorité de la production mondiale des éponges de fer. A titre illustratif ce procédé a couvert près de 65% de la production des éponges de fer en 2OO3.
- HYL III qui présente en 2003 près de 19% de la production totale des éponges de fer et HYL I plus de 20%. Nous faisons remarquer que HYL I est une variante originale du procédé HYIL III qui est plus performant.

Ces deux procédés c'est-à-dire MIDREX et HYL III se développent normalement en augmentant le nombre d'unités de production des éponges de fer et en s'améliorant dans la conception et dans la réalisation, environ 50 modules pour MIDREX et 18 unités pour HYL III en 2003. Le but recherché dans ce processus est évidemment d'abaisser les coûts de procédés et de les adapter aux diverses situations locales.

Les procédés utilisant des réducteurs gazeux c'est-à-dire les oxydes de carbone ou le gaz naturel sont les plus utilisés dans la production des éponges de fer. Nous pouvons citer certains procédés représentatifs comme le procédé Norsk – Staal, le procédé MIDREX, le procédé DSM, le procédé WIBERG, le four tournant (Kawasaki, SL/RN) et d'autres.

Les minerais de fer sont mis dans un four à cuve et sont réduits par un courant de gaz d'oxyde de carbone ou par un gaz réducteur approprié à chaque procédé comme le gaz naturel, par exemple. Le contact minerai-réducteur gazeux donne un produit intermédiaire appelé « éponge de fer ». L'éponge de fer ainsi obtenue trouve le débouché essentiellement dans l'aciérie en remplacement des ferrailles. Elle constitue donc la matière première pour l'élaboration des nuances diversifiées d'aciers dans le four électrique.

Parmi ces procédés de réduction des minerais de fer par un gaz réducteur, nous présentons la figure 2.4 qui illustre le schéma du prototype du réacteur DANAREX (DSM) proposé par le groupe DANIELI et utilisé actuellement pour la fabrication des éponges de Fer. Ce groupe repose de faire la réduction de minerais de fer avec moins ou sans de gaz réducteur reformé.

Cette technologie de four à cuve à sole utilisant le gaz naturel est la plus répandue à travers le monde. Elle est à la portée de la République Démocratique du Congo, compte tenu de l'existence de gaz naturel dans le lac Kivu, dans le bassin du lac Albert (autrement dit lac Mobutu) à côté de gisements de pétrole et le long de la côte Atlantique de notre pays, notamment à Moanda où ce gaz est brulé au lieu de servir à la production des éponges de fer.

Ainsi, à cette étape, le choix du gaz réducteur et la qualité du minerai deviennent essentiels pour un meilleur rendement. La présence de minerais de fer à haute teneur évaluée entre 63% - 70 % Fe dans la province Orientale, du gaz naturel (méthane) dans le lac Kivu, dans le lac Albert (à côté des gisements de pétrole), à la côte atlantique ainsi que dans différents gisements pétroliers dissimilés à travers le territoire national permettent l'élaboration des aciers de qualité.

La technologie conduisant au remplacement de la ferraille par les éponges de fer est la plus répandue et la mieux maîtrisée à travers le monde. Elle peut être exploitée dans un système intégré en République Démocratique du Congo où toutes les conditions sont réunies. L'utilisation et la maîtrise de cette technologie va contribuer à faire sortie notre pays du sous-développement pour devenir une nation émergente.

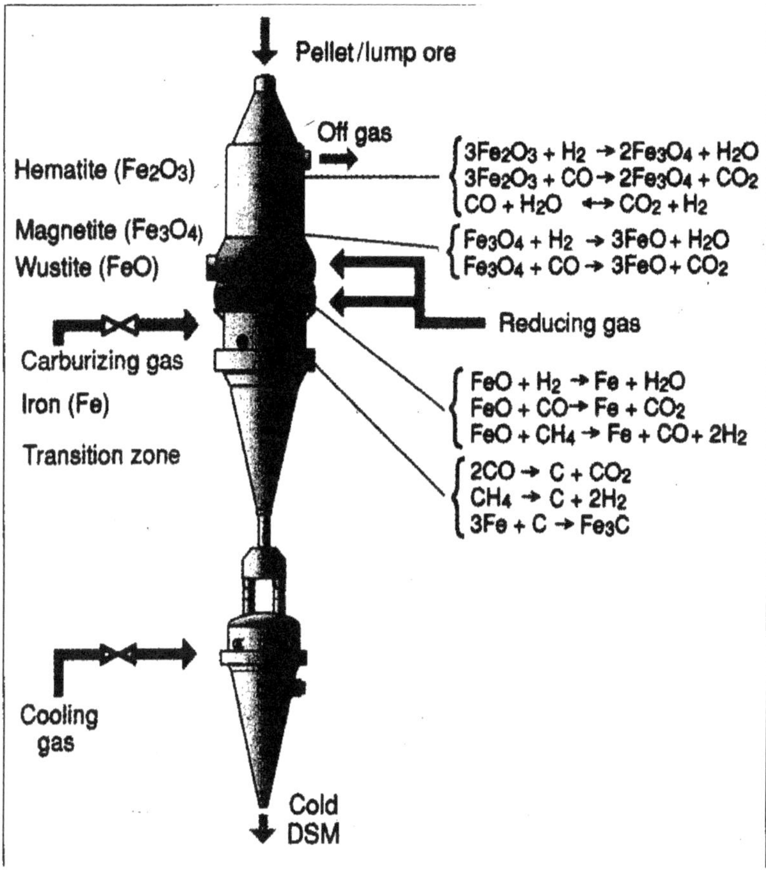

Figure 2.5. : Schéma du procédé Midrex (Jacques ASTIER)

Ainsi, les procédés de réduction directe des minerais de fer par un gaz sont parmi ceux qui sont plus indiqués pour la production des aciers dans notre pays. Pour illustrer notre propos, nous allons présenter un procédé de réduction de minerais de fer par un gaz réducteur. La figure 2.5 le schéma du prototype Midrex utilisé actuellement pour la fabrication de l'éponge de fer.

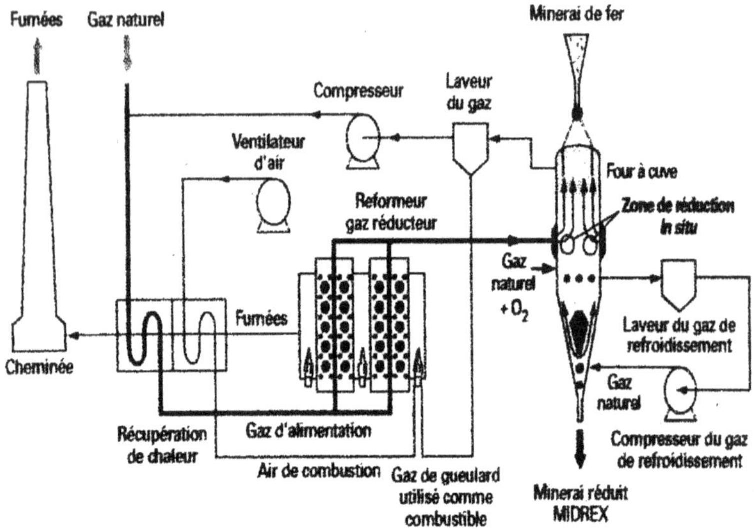

Figure 2.5 : Schéma du procédé MIDREX (Jacques ASTIER)

Un autre procédé utilisant le gaz naturel et qui a subit beaucoup d'amélioration depuis sa mise au point en 1957, par le groupe américain HYLSA est celui repris au schéma HYL III de la figure 2.6. Ce procédé est jusqu'aujourd'hui en plein expansion à travers le monde.

Le type de schéma ci-dessus avec la technologie des fours à cuve et à sole utilisant le gaz naturel comme réducteur est également répandu à travers le monde. Elle est à la portée de la République Démocratique du Congo, lorsqu'on tient compte de l'existence de gaz naturel dans le lac Kivu et le long de la côte Atlantique de notre pays, notamment à Moanda où ce gaz est brulé au lieu de servir à la production des éponges de fer et autres produits.

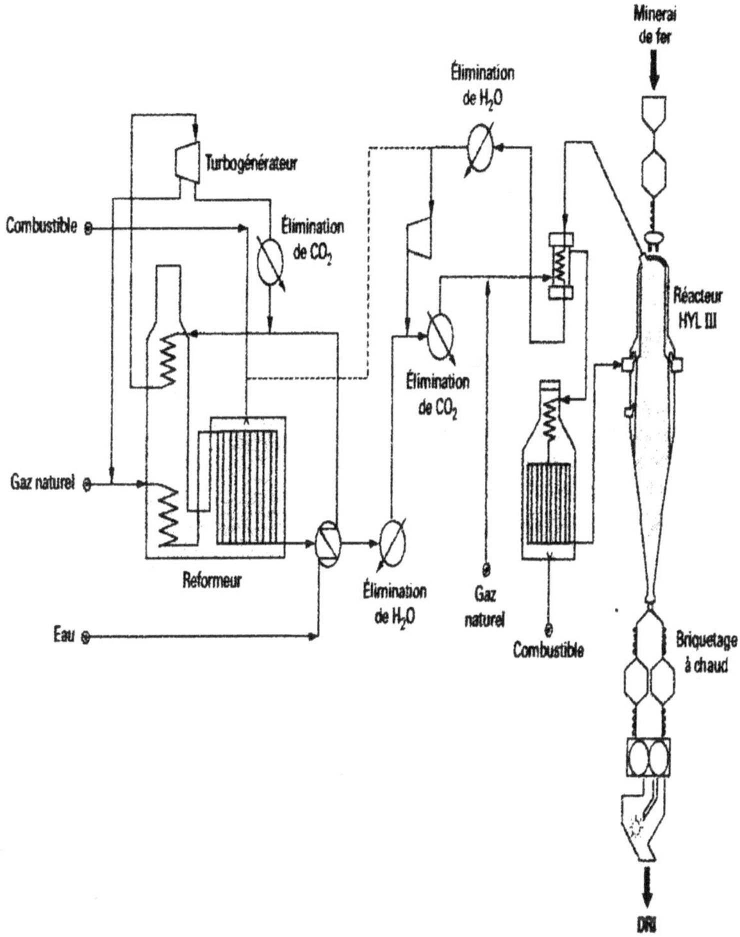

Figure 2.6. : Schéma du procédé HYL III développé à Vikram Ispat (Allemagne)

Généralement, le gaz naturel est contenu dans le gisement pétrolifère ; et ce dernier se localise à proximité de gisements de minerai de fer. C'est le cas de la province du Bas-Congo et de la province Orientale où les gisements de minerais de fer sont géographiquement rapprochés de gisement de gaz naturel. En d'autres termes le gaz naturel est localisé dans un environnement proche de gisement de minerai de fer. Cette situation géographique est favorable pour le développement des industries de fabrication des éponges de fer qui vont être utilisées dans les usines sidérurgiques pour l'élaboration des aciers de haute qualité. Nous précisons que les gisements de minerais de fer qui sont situés dans un environnement proche de là où se trouve le gaz naturel sont généralement riches en fer et contiennent peu de gangue.

Cette réalité est aussi valable dans la province du Sud Kivu où le lac Kivu regorge une importante quantité de gaz méthane avec possibilité de retrouver dans un environnement non lointain de gisements de minerai de fer. Les minerais de fer se trouvant en territoire de Djugu dans la province Orientale sont bien indiqués pour la production des éponges de fer. Ces gisements, qui sont situés à proximité du lac Albert (Lac Mobutu), sont riches et contiennent des teneurs importantes de fer (environ 70% Fe). Cette proximité favorise les opérations de séparation entre le minerai de fer et la gangue ainsi que l'obtention des éponges de fer.

2.4. Fonctionnement du procédé MIDREX et HYL III

Nous l'avons signalé plus haut que MIDREX et HYL III sont les deux nouveaux procédés de production des éponges de fer qui sont développés pour assurer l'alimentation des équipements destinés à l'élaboration des aciers à partir des matières de substitution aux ferrailles. Ces deux procédés ont permis l'augmentation de la capacité de production des aciers sur base des éponges de fer. Ils se distinguent principalement par leurs modes de fonctionnement. Le MIDREX se sert d'un équipement pour reformage de gaz réducteur issu du réacteur alors que le HYL III a la possibilité d'utiliser le système avec gaz réducteur reformé ou le système avec le gaz réducteur non reformé.

2.4.1. Procédé MIDREX

Nous avons indiqué plus haut, dans la figure 2.5, que le MIDREX est un procédé classique d'obtention des éponges de fer essentiellement par l'utilisation de gaz naturel comme réducteur. Ce procédé a été mis au point par une compagnie américaine basée en Inde pour la fabrication des éponges de fer dans le but d'améliorer l'élaboration des aciers de haute qualité. Il détient 65% de production mondiale des éponges de fer. Le principe de fonctionnement de ces unités de production est le suivant :

- Les minerais de fer tout venant doivent d'abord passer par les étapes de préparation suivantes : broyage, concassage et purification. Les opérations de broyage et de concassage consistent à réduire les grosses pierres en petites dimensions ; à cette étape, il y a la purification qui s'effectue en séparant les pierres de la gangue (boue) ;
- Les minerais de fer sont ensuite déversés au gueulard du four à cuve et le gaz naturel préchauffé et reformé est introduit dans le réacteur ;
- Les minerais de fer et le gaz reformé contenus dans le réacteur vont à présent réagir pour la réduction directe du dit minerai ;
- Après cette opération, le gaz de réaction doit être évacué puis lavé en vue d'être injecté dans le circuit de gaz et reprendre encore une nouvelle opération ;

- Une fois le minerai réduit, il va se placer au fond de la cuve où il va refroidir et l'on va obtenir des éponges de fer (DRI).

Faisons remarquer que le procédé MIDREX a connu beaucoup de modifications au Venezuela, en Inde et en Iran. L'objectif poursuivi par toutes ces recherches est d'obtenir une amélioration dans le processus de production des éponges de fer et arriver à une baisse des coûts des aciers. Après toutes ces innovations, le procédé MIDREX a été débaptisé DANAREX au Venezuela et en Inde, et GHAEM en Iran.

2.4.2. Procédé HYL III

Le procédé HYL III représenté à la figure 2.6 a été développé en Allemagne par la société Vikram Ispat. Nous devons signaler que ce procédé a été mis au point pour la première fois par le groupe mexicain HYLSA en 1957 et reproduit ailleurs comme en Allemagne par Vikram à Hambourg. La figure 2.6 montre clairement le fonctionnement du procédé HYL III qui diffère du précédant par son système d'approvisionnement en gaz réducteur.

Le procédé HYL III peut utiliser le gaz reformé provenant du réacteur ou le gaz non reformé. Toutefois, avant l'introduction du gaz naturel, du combustible et de l'eau dans le réacteur pour former le gaz réducteur, ils doivent d'abord être débarrasser des éléments comme le gaz CO_2 et de l'eau (H_2O) qu'ils contiennent pour éviter l'humidification et l'oxydation ultérieure du minerai réduit. En d'autres termes, le combustible et le gaz naturel doivent procéder à l'élimination du gaz carbonique et de l'eau qu'ils renferment avant d'être reformé. Le schéma de fonctionnement est le suivant :

- Le minerai de fer tout venant de la mine subi une préparation afin de diminuer les dimensions des blocs extraits lors de l'extraction de ces derniers ;
- Ils vont subir successivement le broyage, le concassage et la purification ;
- Ce minerai est ensuite mis dans le réacteur en même temps que le gaz réducteur ;
- Il va se produire des réactions chimiques entre le minerai de fer et le gaz réducteur ;

- Le minerai de fer ainsi réduit va former des briques à chaud dans le réacteur par le procédé de briquetage à chaud. Ces briques vont fondre et être coulé en éponges de fer (DRI).

Conclusion

Le choix de la technologie est d'une grande importance dans la vision de l'industrialisation d'un pays. Il constitue une étape capitale dans tout projet d'investissement industriel. Cette réalité est aussi valable pour l'implantation des industries sidérurgiques. Dans ce chapitre, nous nous sommes attelé à présenter les deux filières possibles pour la production des aciers. Il s'agit de la filière classique et de la filière intégrée.

Nous avons déconseillé le choix ou l'adoption de la filière classique pour la simple raison que celle-ci est non seulement coûteuse mais exige l'importation du charbon (coke) qui est une matière nécessaire pour la production de la fonte. Car le charbon produit dans notre pays ne peut être utilisé dans le processus de l'élaboration de la fonte dans le schéma classique.

Raison pour laquelle nous avons privilégié la filière intégrée ; étant donné que toutes les matières premières, dont elle a besoin, sont disponibles sur le territoire national. Nous rappelons que la filière intégrée est celle qui élabore les aciers à partir de la ferraille. Compte tenu de la carence de la ferraille, nous avons opté pour l'utilisation des éponges de fer comme substitut. Notre option s'explique par le fait l'on ne peut avoir un parc suffisant de ferrailles, qu'après une période d'environ dix ans.

Le choix de la filière intégrée présente plusieurs avantages pour la République Démocratique du Congo. Elle facilite le remplacement des ferrailles par les éponges de Fer pour l'élaboration des diverses nuances d'acier en permettant ainsi d'économiser des devises qui devaient servir à l'importation de charbon. La présence des éponges de fer va favoriser l'implantation de plusieurs aciéries à travers la République Démocratique du Congo. Ces aciéries vont faciliter la production des aciers de très haute qualité qui vont permettre l'obtention des produits sidérurgiques divers nécessaires à la construction des infrastructures et le développement socio-économique du pays. Car les potentialités en matières premières, les minerais de fer et le gaz naturel, que le pays dispose, permettent la production des produits sidérurgiques.

La maîtrise de cette technologie de fabrication des éponges de fer par les procédés Midrex et Hyl III présente également des avantages parmi lesquels la possibilité de faire des recettes à partir de la vente des éponges de fer aux entreprises qui en ont besoins. Elle peut permettre aussi l'entrée des devises dans le trésor public et le financement des plusieurs autres projets conduisant au développement de la nation.

L'utilisation de procédés MIDREX et HYL III sont recommandés non seulement par le fait qu'ils augmentent la capacité de production des éponges de fer mais aussi parce que ces deux méthodes sont les plus utilisés dans le monde. Selon Jacques ASTIER, le MIDREX et HYL III continuent à faire l'objet de recherche en vue d'abaisser le coût des éponges de fer et d'adapter ces procédés aux situations locales. Ces deux procédés sont utilisables dans la filière intégrée et non dans la filière classique.

La filière intégrée est appropriée pour la République Démocratique du Congo ; car elle permet d'élaborer les aciers à partir des éponges de fer qui sont obtenus par les procédés de réduction directe par le gaz naturel. Par cette technologie, nous avons la possibilité de produire les aciers de toutes les nuances à moindre coût. On doit noter que les procédés de la réduction directe par le gaz naturel est bénéfique surtout pour les pays en développement où le gaz naturel est abondant et bon marché. La République Démocratique du Congo peut s'inscrire dans cette perspective ; car elle regorge d'énormes réserves du gaz naturel dans le lac Kivu, dans le lac Albert (lac Mobutu pour certains) et le long de la côte atlantique.

En plus de gisement de pétrole, on retrouve également les minerais riches en métal valorisable c'est-à-dire le minerai de fer dans les environs les plus immédiats du lac. Ces mines peuvent faciliter l'installation des unités de fabrication des éponges de fer qui vont conduire au développement du secteur de la sidérurgie. A côté du gaz naturel, la présence de minerais de fer de haute pureté va faciliter l'implantation près de gisements des unités de production des éponges du fer en utilisant le procédé de réduction directe (Direct Reduced Iron – DRI) ou (Hot Briquetted Iron – HBI). La présence du gaz est aussi signalée autour des gisements de pétroles se trouvant dans le Graben Albertine que la République Démocratique du Congo partage dans sa frontière avec l'Ouganda.

Concernant le secteur de la sidérurgie, l'utilisation de la technologie de réduction directe de minerais de fer par le gaz naturel est possible et va contribuer au développement de ce secteur et à la croissance économie de notre pays. Cette technologie peut hisser la République Démocratique du Congo au rang de producteur des éponges de fer. L'essor de la sidérurgie est susceptible de révolutionner ou de faciliter l'implantation des autres secteurs de l'industrie congolaise. Les procédés liés à l'intégration totale du domaine de la sidérurgie dans un système complet de développement économique et social pour notre pays vont contribuer à l'amélioration du climat de production de l'industrie de divers domaines.

Dans une filière comme dans l'autre, la qualité de minerais de fer est indispensable. Il est généralement reconnu que les minerais de fer de la République Démocratique du Congo sont de bonne qualité. Cependant, les prospections géologiques ne sont pas épuisées. Il faut qu'on organise encore des expéditions pour compléter les cartes géologiques précisant les minerais de chaque lieu à travers le territoire national. Ces expéditions vont indiquer la qualité des minerais de fer et leurs évaluations.

Concernant le gaz, les prospections géologiques à travers le pays ne sont pas encore épuisées. Une grande partie, principalement au centre du pays c'est-à-dire dans la cuvette, n'a pas encore dévoilé son contenue dans le domaine du pétrole. Car tous les gisements de pétrole renferment généralement du gaz qui gravite autour de 75% de leur conten

Chapitre 3
LES RESSOURCES ENERGETIQUES DISPONIBLES POUR L'INDUSTRIALISATION

Par

Professeur AHUKA SHAMBA

3.0. Introduction

Le développement de la Sidérurgie est lié à la présence de l'énergie électrique pour son alimentation. La République Démocratique du Congo n'est pas seulement un scandale géologique et minier, mais il est aussi un des rare pays ayant une densité hydrographique importante. De ce fait, il possède plusieurs rivières, à la dimension des fleuves, susceptibles de produire de l'énergie électrique pour assurer l'alimentation des usines sidérurgiques et autres. Selon le rapport établi par la Société Nationale de l'Electricité, lors de son 30ème anniversaire, le potentiel exploitable dans ce secteur est évalué à 774.000 Gwh. Mais, à ce jour, les aménagements hydroélectriques à travers le pays sont évalués à ± 50 KW. Ces estimations montrent que l'exploitation du parc hydroélectrique dans notre pays n'atteint même pas encore les 10% de nos potentialités.

A part les ressources hydroélectriques, notre pays possède d'autres ressources électro-énergétiques, en l'occurrence les ressources fossiles, minérales, géothermiques pouvant contribuer à la production de l'énergie électrique pour participer à la croissance de l'industrie sidérurgique et des autres industries en général. Ces différentes ressources peuvent permettre la diversification des sources de production de l'énergie électrique. L'évaluation de toutes les potentialités de la République Démocratique de Congo se présente sommairement de la manière suivante : les ressources fossiles représente environ 122 millions d'hectares, les ressources minérales à 230 millions barils de pétrole, le charbon à 720 millions tonnes, le gaz méthane à 50 milliards m^3 et les ressources géothermiques qui sont encore à déterminer.

Toutes ces ressources peuvent contribuer également à la production de l'énergie électrique nécessaire pour l'expansion de l'industrie en général et de la sidérurgique en particulier dans des zones ne possédant pas des ressources hydroélectriques. Par le passé non lointain, notre pays avait expérimenté la production de l'énergie électrique à partir des sources diversifiées avec succès. Cette réalité avait favorisé l'installation à travers le territoire national de certaines industries telles que l'agroalimentaire. L'option de procéder à l'électrification du territoire national grâce à la diversification des sources de production de l'énergie électrique est la mieux indiquée pour répondre aux besoins liés à l'industrialisation et plus particulièrement à l'implantation des industries sidérurgiques dans les différentes provinces du pays. La sidérurgie étant une industrie industrialisante, la demande en énergie électrique est donc considérable et nécessite une disponibilité qualitative et quantitative de l'électricité.

3.1. Les principales sources d'énergie disponibles

Les études confirment l'existence dans notre pays de plusieurs sources pouvant produire l'énergie électrique. Compte tenu de l'immensité des potentialités dans ce secteur, il est recommandé de procéder à l'électrification du territoire national en vue de faciliter l'industrialisation et plus particulièrement l'implantation de la sidérurgie à travers le pays. En d'autres termes, l'exploitation de diverses sources de production de l'énergie électrique est une option susceptible d'amener la croissance à travers l'industrialisation des différentes provinces.

Pour rappel, notre pays a été le premier en Afrique à exploiter l'énergie géothermique pour le développement de son industrie, précisément dans la province de Katanga. Malheureusement, ce système a été abandonné au profit de l'exploitation du parc hydroélectrique qui pouvait produire quantitativement plus d'énergie pour le fonctionnement du secteur industriel. Nous devons faire remarquer que vers 1960 la République Démocratique du Congo produisait plusieurs centaines de Kwatts à partir de sources géothermiques.

En effet, les sources géothermiques sont principalement situées dans la partie Est et Sud-Est de la République, particulièrement dans la région volcanique située entre le lac Kivu et le lac Tanganyika. On trouve également dans la province du Katanga plusieurs petites sources hydrominérales, précisément aux environs du lac Moero et dans la partie méridionale du lac Tanganyika qui ont déjà servi à la production de l'électricité.

Concernant les sources énergétiques disponibles, nous présentons seulement quelques-unes en guise d'illustration ; car ce sujet doit faire l'objet d'un ouvrage pour être aborder dans son entièreté. Nous abordons ainsi, dans les pages qui suivent, deux sortes de source à savoir : les sources hydrauliques et les sources fossiles. Les autres sources telles que l'énergie thermale et la géothermique sont aussi importants mais ne feront pas l'objet de notre illustration.

Les sources énergétiques comme le charbon, le gaz naturel et l'énergie hydraulique vont faire l'objet de notre préoccupation afin de confirmer notre conviction sur la possibilité et la nécessité de produire l'énergie électrique partant de sources diversifiées en vue de satisfaire à la demande intérieure.

3.1.1. Le Charbon

Le charbon est une source fossile qui peut servir à la production de l'énergie dans certaines parties de notre pays et pallier ainsi aux problèmes d'insuffisance en fourniture d'énergie électrique, élément essentiel pour l'exploitation industrielle.

Dans l'industrie Sidérurgique, le charbon est utilisé sous la forme de coke, produit provenant du processus d'agglomération et d'appauvrisèment en matières volatiles mais enrichi en carbone, obtenu après distillation du carbone dans des cokeries. Le coke ainsi produit a permis le développement de l'industrie dans le secteur de l'éclairage en particulier et dans l'utilisation de différents gaz inflammables en général.

Le charbon est une roche sédimentaire composée essentiellement de carbone, d'hydrogène, d'oxygène, d'azote et de soufre. Il provient de l'accumulation par sédimentation de débris de végétaux sur des longues périodes. Il a servi dans plusieurs pays en Europe et en Chine, comme produit de base pour la révolution industrielle.

Il est considéré comme la source d'énergie la plus polluante du monde. Mais le besoin en charbon est toujours croissant pour le fonctionnement des centrales thermiques, à cause de la flambée de prix du pétrole. Nous signalons que l'utilisation du charbon est moins coûteuse. La faible production du charbon dans notre pays et sa mauvaise qualité a conduit à l'exploitation de l'énergie provenant de la source hydraulique.

En République Démocratique du Congo, les principaux gisements du charbon sont situés au Katanga, précisément dans les bassins de la Luena, de la Lukunga et du Tanganyika. Il existe également d'énormes gisements de charbon non exploité au Nord Kivu, principalement dans la région de Walikale. Le gisement de la Luena a été longtemps exploité par la GECAMINES pour les besoins en combustibles dans la pyrométallurgie et dans les fours rotatifs commis à la production de l'acide sulfurique à Shituru, située à Likasi. Cette exploitation a également servi à répondre aux besoins de la cimenterie de Katanga située à Kakontwe et de la CINENKAT du groupe Forrest à Luena. Par contre le gisement de la Lukunga n'a connu qu'une exploitation modérée pour le compte de la cimenterie CIMENTLACS de Kalemie. Nous signalons ainsi que le gisement du bassin du Tanganyika n'a jamais été exploité. Selon BRGM, dans son évaluation de 1974, les réserves attribuées aux deux bassins, notamment celui de Luena et celui de Lukunga sont évaluées respectivement à 20 millions et 700 millions de tonnes de charbon.

Nous précisons que le charbon congolais a un taux de cendre élevé et un pouvoir calorifique faible. Il faut ainsi plusieurs tonnes pour obtenir la quantité d'énergie nécessaire pour réaliser l'opération de fusion dans les fours métallurgiques. Raison pour laquelle, on a recouru à l'importation du charbon en provenance de pays limitrophes comme le Zimbabwe pour le fonctionnement des usines métallurgiques de la GECAMINES. Donc, le charbon issu de deux bassins cités ci haut n'est pas cokéfiable ; Il ne présente pas d'intérêt dans le fonctionnement d'une sidérurgie classique.

Néanmoins, ce charbon peur être utilisé comme réducteur solide lorsqu'il s'agit de la production des éponges de fer. Il peut trouver également des applications dans d'autres domaines industriels comme dans la cimenterie et dans la production de l'électricité dans les centrales thermiques et dans le domaine de transport pour la bonne marche des locomotives sur les rails de chemin de fer, dans le domaine alimentaire pour le chauffage des fours de pain, etc.

3.1.2. Le Gaz naturel

Le gaz naturel est un combustible fossile constitué d'un mélange d'hydrocarbures ; il est toujours composé principalement du méthane (CH_4). Parmi les gaz contenus dans la nature, on distingue : le gaz naturel conventionnel non associé, le gaz naturel conventionnel associé, le gaz biogénique, le gaz de charbon et le gaz des schistes.

Le gaz naturel conventionnel non associé est la forme la plus exploitée parmi les gaz naturels. Ses gisements se trouvent sous la forme de réservoirs souterrains dans lesquels le gaz est considéré comme une substance exploitable majeure. Il peut être accompagné de pétrole mais ne se mélange pas à ce dernier. A part la présence du méthane ou gaz naturel, le gaz conventionnel non associé contient également en proportion variable des hydrocarbures lourds comme l'éthane, le propane, le penthane, l'heptane, etc. Il contient aussi du gaz carbonique ou dioxyde de carbone (CO_2), du sulfure d'hydrogène (H_2S), de l'azote (N_2) ainsi que de quantités faibles d'hélium (He), de mercure (Hg) et d'argon (Ar).

Le gaz naturel conventionnel associé se trouve généralement dans les gisements de pétrole. Il est exploité comme sous-produit de pétrole ; et est séparé de ce dernier lors de l'extraction. Ce gaz est disponible en République Démocratique du Congo particulièrement dans le lac Albert autrefois appelé lac Mobutu, à la frontière avec l'Ouganda. Nous rappelons que dans ces genres de gisements, le gaz est souvent évalué à 75% et le pétrole à 25%. Jusqu'à ce jour, notre pays n'a entamée ni l'exploitation de son pétrole ni celle du gaz. Cependant, l'Ouganda procède déjà de son côté à l'exploitation du pétrole tout en torchant le gaz. Nous faisons remarquer que la nappe pétrolière n'est pas statique c'est-à-dire elle est épuisable. Il est à craindre que le pétrole et le gaz contenus dans le lac Albert puissent s'épuiser et bénéficier uniquement aux Ougandais.

Nous présentons à la figure 3.1 la carte du bassin du lac Albert pour illustrer les différents enjeux que représente cette zone. La République Démocratique du Congo doit avoir un intérêt particulier à ce lac pour le développement du secteur industriel et Sidérurgique en particulier. Cette région détient des gisements de fer très riches, principalement dans le territoire de Djugu situé en province Orientale. La carte de la figure 3.1 montre aussi que les gisements de minerai de fer sont situés à proximité de gisements de pétrole et par conséquent de gaz naturel. Cette situation présente un avantage majeur pour l'implantation et l'expansion de la sidérurgie.

En effet, l'une des matières premières importantes pour la sidérurgie demeure le minerai de fer ; la présence de celle-ci dans le territoire de Djugu est un atout pour l'implantation de l'industrie sidérurgique dans la province

Orientale à condition que la fourniture de l'énergie électrique soit assurée qualitativement et quantitativement. Or, à côté de ces minerais de fer, il existe un gisement de pétrole qui contient aussi le gaz naturel. Cette dernière matière c'est-à-dire le gaz naturel peut être utilisé comme combustible ou comme source d'énergie électrique. En d'autres termes, le territoire de Djugu renferme tous les éléments nécessaires pouvant permettre l'installation et l'essor d'une industrie sidérurgique.

Il existe encore, dans notre pays, une autre catégorie de gaz, d'origine biogénique, qui est issu de la fermentation des sédiments organiques par les bactéries et qui est localisé dans les fonds des lacs comme le cas du lac Kivu. Ce gaz contient peu d'hydrocarbures et peut être exploité pour assurer le développement de la sidérurgie ainsi que des autres catégories d'industries comme nous venons de l'affirmer plus haut. Ce gaz peut également être utilisé pour la fabrication des éponges de fer en remplacement de la ferraille lors de l'élaboration des aciers de haute qualité dans le four électrique à arc.

Nous devons signaler la présence d'autres types de gaz naturel dans le sous-sol congolais tel que le gaz naturel associé au charbon. Ce type de gaz ne peut être trouvé qu'autour de gisement de charbon. Ce gaz, qui est issu de la combinaison entre le gaz naturel et le gaz carbonique provenant de la présence du charbon, est dangereux car il présente des menaces mortelles pour les mineurs de fond à cause de risques d'explosion ou d'asphyxie lors de son exploitation ou de son utilisation. Compte tenu de ce qui précède, il n'est pas conseillé de procéder à l'exploitation de ce gaz étant donné que notre pays ne dispose pas de la technologie appropriée pour cette finalité.

Nous rappelons que le gaz naturel est l'une des ressources énergétiques les moins polluantes de tous les combustibles fossiles que nous connaissons. Il est susceptible d'être utilisé dans les industries sidérurgiques et de participer à la production des aciers de hautes qualités. De ce fait, notre pays peut ainsi prétendre porter l'étendard de producteur des aciers propres en Afrique et dans le monde ; et cela grâce à la nature qui lui a offert tous ces minerais riches avec des réserves importantes de combustibles fossiles. Ce gaz peut servir comme matière première dans les industries chimiques et pétrochimiques.

Pour implanter l'industrie sidérurgique, il est opportun d'exploiter le gaz conventionnel associé qui se trouve dans le bassin pétrolier le long de la côte atlantique et le bassin du lac Albert ainsi que le gaz biogénique du lac Kivu. Nous illustrons à la figure 3.2 la carte du lac Kivu ainsi que le gaz méthane (gaz naturel) qu'il contient, lequel gaz constitue une source viable pour le développement du secteur industriel. Ce gaz permet à la fois la production des éponges de fer et facilite la mise en nuance de différents aciers par de procédés simples de la métallurgie sous vide. Il favorise également le développement des autres types d'industries telles que l'industrie alimentaire, l'industrie chimique et l'industrie pharmaceutique.

L'utilisation du gaz naturel est aussi possible pour la production de l'énergie électrique à travers certaines provinces de la République, surtout dans les endroits où les gisements de gaz sont concentrés. C'est le cas de la province de Sud Kivu où le lac Kivu contient de quantités importantes du gaz méthane. Ce gaz, qui demeure inexploité par la République Démocratique du Congo, est utilisé par le Rwanda pour faire fonctionner sa brasserie et éclairer les villages environnants. La non exploitation du gaz méthane contenu dans le lac Kivu est un danger permanent pour les populations des villes et des villages environnants. L'expérience de l'explosion du gaz contenu dans le lac Nyos au Cameroun devait interpeller toutes bonnes consciences ; car les dégâts matériels et les pertes en vies humaines sont toujours considérables.

D'après les informations contenues dans la publication faite en 2003 par Michel HALBWACHS, le lac Kivu présente une spécificité unique au monde. Ses eaux contiennent une énorme quantité de gaz dissout. Il regorge une réserve importante de gaz méthane (CH_4), environ 65 milliards de m^3, soit l'équivalent de 50 millions de tonnes de pétrole qui dorment sous 250 m d'eau au fond du lac.

De son côté, L. Mupepele renseigne, dans sa publication de 2012, que la production mondiale de gaz naturel était d'environ 3193,3 milliards de m^3 en 2010. Par contre, la production africaine était de 209 milliards de m^3 dont environ 40% pour l'Algérie. La production mondiale était de 2940,4 milliards de m^3. Celle de l'Afrique s'élevait à 94 millions de m^3 alors qu'elle avait produit aux environs de 209 milliards de m^3.

Concernant l'autre forme de gaz conventionnel associé, il est obtenu lors de raffinage du pétrole ; c'est le cas du gaz qui est torché à Moanda par la société PERENCO. En effet, l'exploitation pétrolière du littoral Atlantique par la société PERENCO, dans la province du Bas-Congo, produit une quantité importante de gaz qui malheureusement est brulé et renvoyé dans l'atmosphère en grande partie. Et pourtant ce gaz peut être exploité et servir à d'autres fins notamment dans la production de l'énergie électrique, le fonctionnement de certaines industries et particulièrement dans la production de éponges de fer.

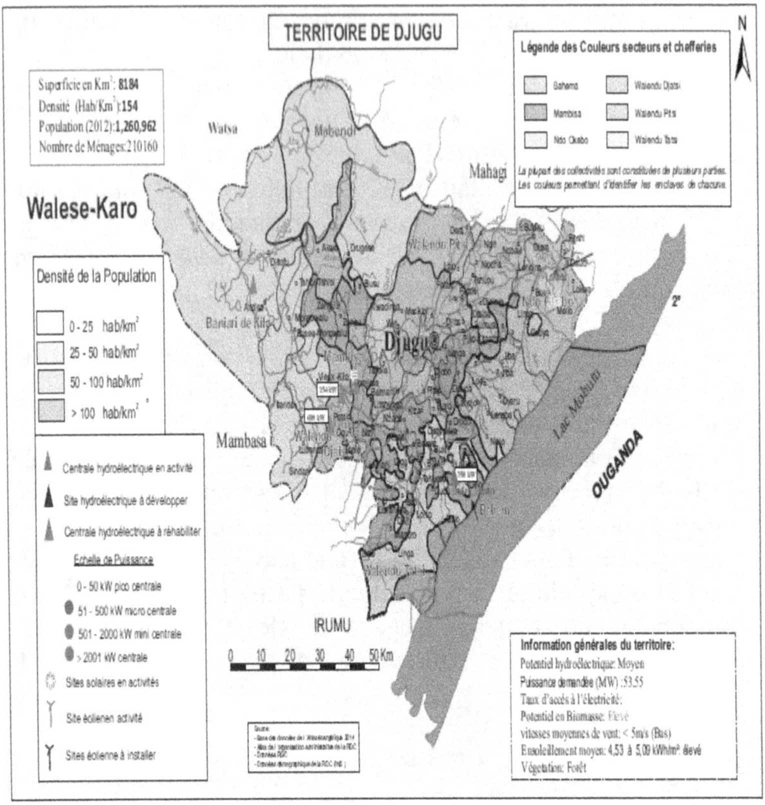

Figure 3.1 : Carte géologique du bassin Graben Albertine (Lac Albert ou Mobutu).

Il existe d'autres catégories de gaz provenant de source thermique, non utiles à la sidérurgie, mais qui peuvent être exploités pour le développement des autres types d'industries. Le gaz naturel présent dans différents gisements pétroliers et le long de la littorale atlantique ainsi que dans divers lacs de la République Démocratique du Congo constitue l'un des atouts pouvant contribuer à l'industrialisation du territoire national.

La figure 3.2 montre non seulement la carte de l'étendue et de la configuration du lac Kivu ; mais, elle présente les limitations gazières du lac Kivu. Ces informations sont d'une grande importance pour l'évaluation de la quantité de gaz allouée à chaque bloc et à notre pays comme nous l'observons sur la carte de la figure 3.3. Suivant cette carte, il existe six blocs de concessions gazières dans le lac Kivu à savoir : bloc Goma avec 17.53 Km^2, bloc Keshero avec 58.37 Km^2, bloc Bulenga avec 131.7 Km^2, bloc Lwandjovu avec 126.32 Km^2, bloc Dutu avec 258.2 Km^2 et bloc Idjwi avec 234,8 Km^2.

Nous devons préciser que la partie appartenant à la République Démocratique du Congo est plus vaste que celle de nos voisins. Malgré cette étendue considérable, notre pays n'a pas encore pris l'option d'exploiter ce gaz contrairement au Rwanda qui s'y attelle déjà avec empressement. Le fait de ne pas procéder à l'exploitation de ces gaz est un manque à gagner important pour notre économie ; et en cas d'explosion de ces gaz, les dégâts seront énormes du côté de la République Démocratique du Congo en termes de perte en vie humaine et en dévastation de l'environnement. Il est ainsi impérieux d'envisager l'exploitation de ces gaz pour éviter toute mauvaise surprise en cas d'explosion. Il est également à craindre que la nappe gazière, qui est unique pour les deux pays, soit épuisée par le Rwanda.

L'exploitation de ce gaz par la République Démocratique du Congo peut favoriser le développement de plusieurs industries surtout dans les domaines alimentaire, pharmaceutique, minier ainsi que dans la cimenterie. Ce gaz peut encore contribuer à la production de l'énergie électrique pour la modernisation des provinces du Nord et Sud Kivu et servir à la production des éponges de fer pour l'élaboration des aciers de haute qualité.

Concernant le développement de la sidérurgie Congolaise, l'extraction du gaz naturel va encourager l'industrialisation de la partie Est du pays et promouvoir l'installation des usines de fabrication des éponges de fer par le procédé de réduction directe de minerais de fer par le gaz naturel. Elle va aussi favoriser l'expansion des usines d'élaboration des aciers à partir des éponges de fer. Nous insistons sur fait que les éponges de fer sont des semi-produits sidérurgiques qui sont des produits les plus recherchés au monde dans l'industrie sidérurgique pour l'élaboration des aciers de haute qualité. Rien que pour l'application sur la fabrication des éponges de fer, la République Démocratique du Congo est en mesure de prétendre occuper la place de leader dans ce domaine.

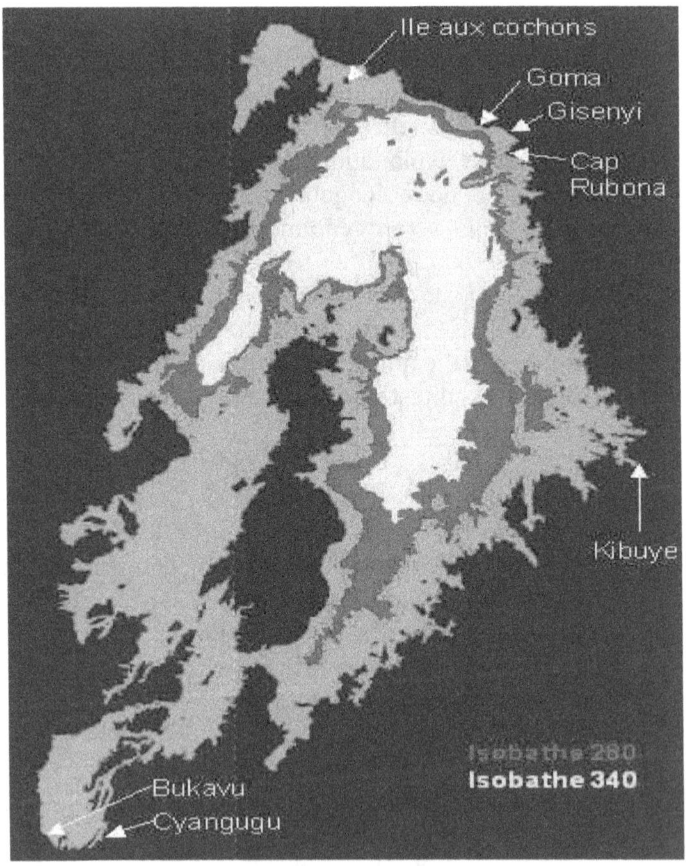

Figure 3.2 : Carte de l'étendue et de la configuration du lac Kivu.

La nécessité, pour la République Démocratique du Congo, de s'engager dans l'extraction de gaz n'est plus à démontrer. Car, l'extraction de gaz va permettre la réalisation de plusieurs applications parmi lesquelles le développement du secteur sidérurgique dans notre pays. On peut citer également la production de l'énergie électrique pour suppléer à l'insuffisance de la production de l'énergie par les centrales hydroélectriques opérationnelles. L'énergie produite par le gaz peut être orienté, par exemple, vers l'industrie alimentaire, les brasseries, les boulangeries, les cimenteries, l'industrie chimique, l'industrie pharmaceutique, le chauffage des habitations et toute autre petite et moyenne industrie (PMI). Cette orientation va faciliter l'écoulement de gaz sur le marché intérieur étant donné la difficulté de le stocker.

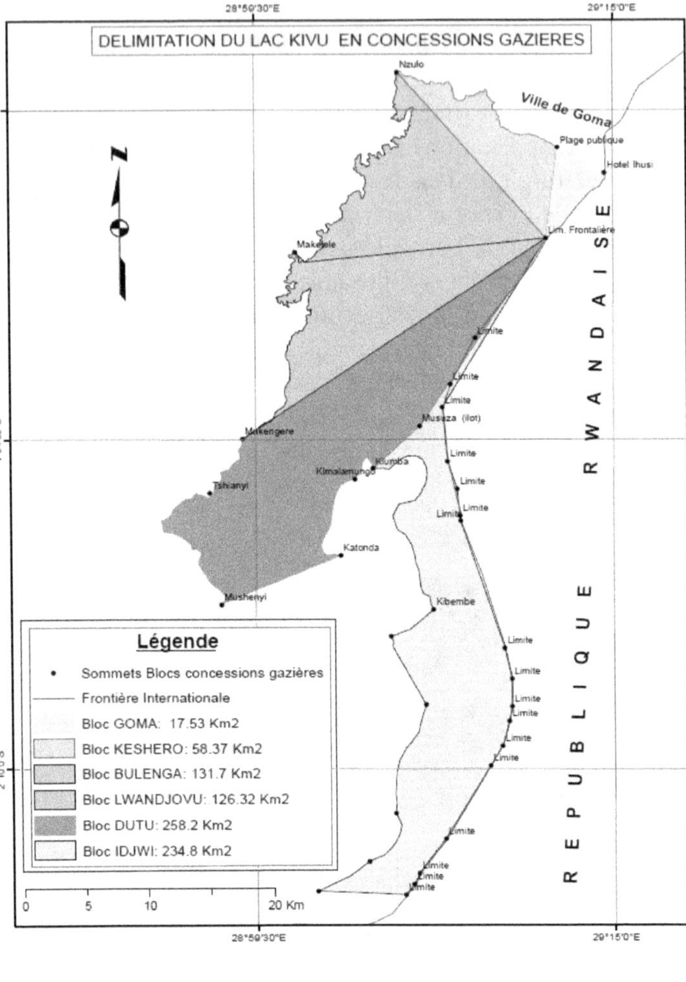

Figure 3.3. : Carte de délimitation gazière du lac Kivu

3.1.3. Les Sources d'énergie hydrauliques

Le rapport de la société nationale d'électricité révèle que la République Démocratique du Congo est classée en première position en Afrique centrale en ce qui concerne le potentiel hydroélectrique exploitable comme le montre la carte de la figure 3.4. Cette carte présente les différentes rivières susceptibles de participer à la production de l'énergie électrique à partir des barrages hydroélectriques.

A part le site d'Inga avec ses 44.000 MW de puissance, il y a d'autres sites importants et exploitables qui ont été identifiés ailleurs à travers le pays comme on peut le remarquer sur la figure 3.5. Suivant cette carte, la République Démocratique du Congo est couvert par trois sortes de sites ou centrales hydroélectriques à savoir : les centrales hydroélectriques opérationnelles, les centrales hydroélectriques à réhabiliter et les sites hydroélectriques à construire. Cette figure prouve que notre pays possède une énorme potentialité en matière de ressources hydroélectriques. En d'autres termes, la transformation des différentes ressources hydroélectriques en énergie électrique peut répondre qualitativement et quantitativement à l'exigence de l'industrialisation du territoire national.

Pour être plus clair, notre pays peut produire de l'énergie électrique à partir des différents sites hydroélectriques disséminés dans toutes les provinces. Le problème se pose donc au niveau de la capacité de transformer les potentialités que le pays renferme en énergie électrique pour le développement du secteur industriel et de la sidérurgie en particulier. Cette difficulté est aussi réelle pour plusieurs autres domaines où la République Démocratique du Congo est qualifiée d'être potentiellement riche tout en demeurant pauvre. Cette contradiction doit interpeler toute bonne conscience et amener la nation à s'engager dans la voie de l'investissement conséquent en vue de pallier à cette situation.

La figure 3.4 et la figure 3.5 renseignent à suffisance que notre pays peut développer le domaine de l'industrie sidérurgique en s'appuyant uniquement sur son parc hydroélectrique. Ces cartes prouvent encore qu'il est possible d'exploiter les différentes sources hydrauliques c'est-à-dire des rivières se trouvant dans chaque province pour produire l'énergie électrique en vue de répondre aux besoins de l'électrification, de l'industrialisation et autres. Cette option peut favoriser le développement et la modernisation de notre pays ; elle peut également renforcer notre économie grâce à l'exportation de l'énergie électrique produite par le site d'Inga et d'autres.

La carte de la figure 3.4 renseigne aussi que le fleuve Congo possède plusieurs affluents et beaucoup de rivières qui peuvent produire de l'énergie électrique. Ainsi l'exploitation complète et correcte des sites identifiés peuvent être envisagées à condition de disposer de moyens conséquents et surtout d'avoir la volonté politique. Ceci est d'autant plus vrai qu'à travers le pays, plusieurs rivières ont servi, par le passé, au fonctionnement des industries congolaises comme dans la transformation de café et de thé, l'industrie métallurgique, les mines, l'industrie du bois, les huileries et d'autres. Nous précisons que toutes ces industries ont fonctionné avec l'énergie électrique provenant de sources hydrauliques environnantes.

Nous pouvons aussi rappeler que chaque unité industrielle avait sa source d'énergie électrique qui assurait son fonctionnement et répondait aux besoins de la population environnante dans ce domaine précis. A part ces rivières, la République Démocratique du Congo possède également plusieurs cours d'eau avec des débits importants qui sont susceptibles de produire de l'énergie électrique. Le potentiel hydroélectrique présenté ci-haut existe jusqu'à ces jours et peut servir encore à l'industrialisation de notre pays en général et au développement de la sidérurgique en particulier. L'atlas des énergies renouvelables édité en 2014 confirme l'existence de ces potentialités. La carte de la figure 3.5, qui présente les différents sites identifiés pour la production des énergies hydroélectriques exploitables à travers le pays, ne tient pas compte des industries qui fonctionnent à l'aide des centrales thermiques.

L'Atlas des énergies renouvelables distingue trois types de sites ou centrales hydroélectriques pour la production de l'électricité dans notre pays actuellement. Parmi ces trois types de centrales hydroélectrique, on distingue notamment les centrales qui sont encore en activité, les centrales à réhabiliter c'est-à-dire celles qui ont servi dans le temps à la production de l'électricité mais qui ont été abandonnées pour diverses raisons, et enfin, les centrales à construire c'est-à-dire les sites qui ont été identifiés mais non exploités jusqu'aujourd'hui. Nous faisons remarquer que cette carte ne couvre pas toutes les rivières, mais donne l'essentiel sur les potentialités hydroélectriques que possède la République Démocratique du Congo.

La plupart des centrales à réhabiliter ont été délaissées suite à l'abandon des plantations de café, du riz, de canne à sucre et des autres activités agricoles qui, jadis, nécessitaient l'apport de l'énergie électrique pour assurer leurs fonctionnements et leurs productions.

Suivant la carte de la figure 3.5, toutes les provinces de la République Démocratique du Congo sont généralement dépourvues de l'énergie électrique à l'exception de quelques chefs-lieux de province et centres urbains. La situation réelle de fourniture en énergie électrique à travers le territoire national se présente comme suit :

- La province de l'Equateur est totalement dans l'obscurité ; car tous les sites hydroélectriques identifiés sont à construire à l'exception de trois centrales opérationnelles ;
- La province Orientale demeure également dans l'obscurité ; en dehors de douze centrales opérationnelles, plusieurs sites hydroélectriques ont été identifiés et sont tous à construire ;
- La province de Bandundu n'a pas échappée à cette réalité ; elle est totalement dans l'obscurité. Elle a quatre centrales opérationnelles, une à réhabiliter et plusieurs sites identifiés à construire ;
- La province du Bas-Congo possède deux centrales opérationnelles et quelques sites hydroélectriques à construire. Une grande partie de la province est dans obscurité ;
- La province du Kasaï Occidentale a quatre centrales opérationnelles et trois à réhabiliter. Elle est plongée dans une obscurité totale. Plusieurs sites hydroélectriques ont été identifiés et sont à construire ;

- La province du Kasaï Oriental est totalement dans l'obscurité, elle détient une centrale opérationnelle et une à réhabiliter ainsi que plusieurs sites hydroélectriques identifiés qui sont à construire ;
- La province du Nord-Kivu a cinq centrales opérationnelles et deux à réhabiliter ainsi que plusieurs sites hydroélectriques identifiés mais qui sont à construire. Une grande partie de cette province est dans l'obscurité ;
- La province du Sud-Kivu détient six centrales opérationnelles et deux centrales à réhabiliter ainsi que quelques sites hydroélectriques à construire. Une grande partie de la province est dans l'obscurité ;
- La province de Maniema possède une centrale opérationnelle et plusieurs sites hydroélectriques à construire. Cette province est aussi globalement dans l'obscurité ;
- La province du Katanga possède sept centrales opérationnelles' et plusieurs sites hydroélectriques identifiés qui sont à construire. Une grande partie de cette province est dans l'obscurité.

Comme l'avait démontré la Société Nationale d'Electricité (SNEL) lors de son 30e anniversaire, l'exploitation de notre parc hydroélectrique ne répond pas aux besoins internes en énergie électrique et constitue de ce fait un obstacle majeur pour le développement et la modernisation de notre pays. L'Atlas des énergies renouvelables a dépeint la situation réelle sur l'étendue du territoire national concernant le manque criant de l'énergie électrique. Partant de ce qui précède, la République Démocratique du Congo a encore un long chemin à parcourir pour couvrir le territoire national en fourniture de l'énergie électrique.

Il est vrai que la non électrification permanente et totale du territoire national ne peut favoriser l'implantation des industries ; d'où il faut procéder à l'électrification de toutes les provinces en vue d'attirer les investisseurs. Il faut également à des grands projets d'industrialisation qui vont amener le développement des infrastructures et autres. Nous pensons que l'option du développement par la sidérurgie est appropriée étant donné que la sidérurgie est une industrie industrialisante. En d'autres termes, l'implantation de la sidérurgie favorise le développement des autres industries qui sont des demandeurs et des consommateurs de l'énergie électrique.

Figure 3.4. : Carte du secteur de l'électricité en République Démocratique du Congo
(Source : Rapport SNEL, 2000)

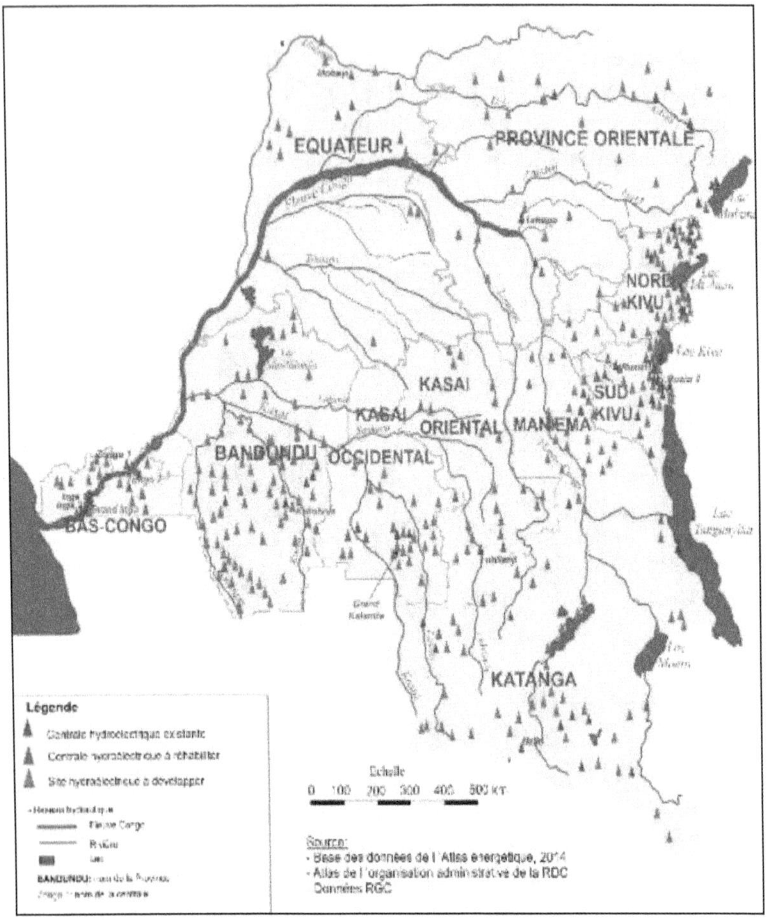

Figure 3.5 : Carte hydroélectricité de la République Démocratique du Congo. (Source : Atlas des énergies renouvelables de la RDC, 2014).

Le parc hydroélectrique présenté sur la carte de la figue 3.5 montre que la République Démocratique du Congo renferme une immense potentialité pouvant permettre de résoudre tous les problèmes liés à l'électrification totale du territoire national et au développement du secteur industriel.

Tenant compte de cette réalité, on s'aperçoit qu'il est possible d'envisager dans chaque province, la production de l'énergie électrique à partir de sources hydrauliques identifiées dans chaque entité en vue de réduire le coût de transport. Cette option favorise le développement équitable de différentes parties du pays parce que la production et la fourniture de l'énergie électrique facilite les investissements et la modernisation.

Ainsi, pour atteindre ces objectifs, nous pensons qu'il faut prendre conscience que nous possédons les potentiels nécessaires pour répondre aux besoins internes dans le domaine de l'énergie électrique. Ensuite, il faut engager la volonté politique pour disposer les moyens conséquents en vue de réhabiliter les sites abandonnés et construire les nouveaux sites. Enfin, nous devons nous engager dans le développement de ce secteur. Sachant que l'énergie électrique est un domaine de souveraineté, et compte tenu de son aspect social, l'Etat congolais doit s'impliquer totalement. Car, la disponibilité permanente de l'énergie électrique est un facteur important pour l'implantation des industries et de la sidérurgie en particulier.

Nous rappelons que chaque province de notre pays possède des minerais et des variantes de sources d'énergie différentes ; cette situation exige une appréhension adaptée à chaque réalité pour assurer le développement du secteur industriel. Compte tenu de ce qui précède, nous pouvons affirmer sans crainte d'être contredit que la République Démocratique du Congo a les moyens de relever le défi de ,la production et de la fourniture de l'énergie électrique à travers le territoire national pour répondre aux besoins de l'éclairage et du développement de l'industrie plus particulièrement de la sidérurgie.

Conclusion

La République Démocratique du Congo est non seulement un scandale géologique mais aussi un scandale énergétique dans ce sens qu'il détient plusieurs sources pouvant produire l'énergie électrique, élément capital pour l'industrialisation et le développement. Suivant les données de la société Nationale d'électricité (SNEL), moins de 10% des potentialités des ressources hydroélectriques sont exploités jusqu'à ces jours.

L'Atlas des énergies renouvelables de la République Démocratique du Congo publié en 2014 renseigne sur la situation des ressources hydroélectriques en présentant trois types de sites ou centrales hydroélectriques pour la production de l'énergie. La première catégorie de sites est composée de centrales hydroélectriques qui sont en activité, la deuxième catégorie est celle de centrales hydroélectriques qui ont été abandonnées et qui nécessitent une réhabilitation ; et la troisième catégorie renferme les centrales hydroélectriques à construire. Cet atlas a présenté l'essentiel et non la totalité des potentialités existantes dans le pays. Cependant, cette étude (atlas) est venue confirmer la thèse de la Société Nationale d'électricité (SNEL) selon laquelle les ressources hydrauliques converties en énergie électrique représentent moins de 10% des potentialités.

D'où l'éternelle contradiction d'un pays potentiellement très riche et extrêmement très pauvres dans le vécu quotidien. Il est donc urgent que nous prenions conscience pour nous engager dans la voie du développement par l'investissement en vue de la transformation de nos différentes ressources en richesses réelles.

En effet, la République Démocratique du Congo est un pays appelé à jouer un rôle important en Afrique et dans le monde grâce à sa position stratégique et par ses innombrables ressources naturelles et humaines. Nous sommes convaincus que notre pays réunit les conditions nécessaires pour assurer son développement et particulièrement son industrialisation. Raison pour laquelle nous proposons le schéma de l'industrialisation du territoire national en partant du développement de la sidérurgique qui est une industrie industrialisante.

L'une des préalables de l'implantation de l'industrie sidérurgique c'est la disponibilité qualitative et quantitative de l'énergie électrique. L'exploitation complète et rationnelle des différents sites ou centrales hydroélectriques, présenté dans l'atlas des énergies renouvelables de la RDC, favorise le développement de la sidérurgie à travers les provinces ayant les minerais de fer riches.

La diversité de sources énergétiques prouve une fois de plus la capacité de notre pays à développer l'industrie sidérurgique et assurer la production des aciers de haute qualité. En d'autres termes la présence du charbon, de gaz naturel, de l'énergie électrique et de plusieurs autres ressources fossiles est un atout pour le développement de l'industriel de haute performance pour la production des aciers de très haute qualité et non concurrentiels.

Le charbon congolais, n'étant pas utilisable dans la sidérurgie classique, peut trouver plusieurs applications comme combustible solide dans plusieurs domaines tels que l'élaboration des éponges de fer et le transport (chemin de fer). La présence du charbon dans notre sol peut permettre de faire fonctionner d'autres industries comme la savonnerie, la brasserie. Le gaz naturel est, quant à lui, une source moins polluante et abondante dans notre pays. Cette source d'énergie peut trouver plusieurs applications particulièrement dans les industries sidérurgiques pour la fabrication des éponges de fer ; ces derniers serviront à l'élaboration des aciers des nuances diversifiées de très haute qualité, en remplacement des mitrailles de fer qui sont généralement difficiles à constituer dans le temps. La République Démocratique du Congo peut inaugurer un commerce important de vente des éponges de fer et faire entrer les devises dans la trésorerie nationale. Les dividendes de l'exportation de ces produits peuvent être utilisés pour le financement et l'implantation des autres industries de production des aciers à travers le pays.

Concernant l'énergie électrique, notre pays possède un parc hydroélectrique très important qui demeure encore sous exploiter ; les centrales hydroélectriques qui sont en activité ne peuvent pas répondre aux besoins internes dans ce secteur. Le développement et l'industrialisation ne sont possibles qu'avec une disponibilité permanente à travers le pays ; et cela est faisable grâce à la diversification des sources de production de l'énergie électrique. La République Démocratique Du Congo dispose également des plusieurs rivières qui passent près des gisements de minerais de fer. Ces rivières offrent des avantages énormes à cause de leurs débits importants et peuvent faciliter la production de l'énergie électrique pour le développement du secteur Sidérurgique dans notre pays. La présence des autres sources énergétiques telles que les sources géothermiques, peut favoriser l'épanouissement des industries à l'Est et au Sud-Est du pays, principalement dans la région volcanique et aux environs du lac Moero ; grâce à l'utilisation de l'énergie électrique produite par ces celles-ci.

Compte tenu de ce qui précède l'implantation de la sidérurgie à travers les différentes provinces du pays est non seulement envisageable mais ne peut surtout pas souffrir du manque de l'énergie électrique étant donné la possibilité de diversifier la production de l'électricité par l'exploitation des sources hydrauliques, des sources fossiles et même des sources géothermiques. Car, il n'est pas admissible qu'avec une telle quantité des potentialités, nous ne puissions pas être en mesure de les valoriser pour le développement de notre pays. Il est temps que la volonté politique soit audacieusement engagé pour relever le défi.

La République Démocratique du Congo représente un enjeu mondial suite à ses ressources innombrables et diversifiées entraînant ainsi la convoitise des pays voisins et des grandes puissances. Notre part de responsabilité en tant que nation et peuple consiste dans notre capacité de bien gérer toutes ces ressources pour le bien être communautaire tout en favorisant des échanges commerciales avec le monde. Notre interpellation consiste à refuser de voir que ces ressources naturelles n'arrivent pas à bénéficier à notre population ; au contraire elles sont devenues une source de misère, de mort, de guerre et d'autres maux pour notre peuple.

CHAPITRE 4
LES ENJEUX DE L'IMPLANTATION DE LA SIDERURGIE

4.0. Introduction

L'implantation de la sidérurgie dans notre pays présente plusieurs enjeux dont les plus importants sont liés à la technologie, aux finances et à la commercialisation ses produits. La réponse à ces trois préoccupations constitue une étape primordiale dans le processus de développement des industries sidérurgiques. Car le défi à relever consiste à la définition et à l'acquisition de la technologie appropriée pour la fabrication des éponges de fer en vue de l'élaboration des aciers. L'autre défi, et non de moindre, se trouve dans la mise en disposition de ressources financières nécessaires étant donné que la sidérurgie est une industrie lourde et couteuse. Le troisième défi majeur, c'est la commercialisation de produits sidérurgiques dans un marché concurrentiel au niveau interne et international.

L'implantation de la sidérurgie présente également d'autres enjeux que nous pouvons qualifier de positif par le fait de leurs apports dans le développement du pays ainsi que dans le renforcement de sa capacité à jouer un rôle capital dans la sous-région et même dans le continent africain. En dehors des enjeux cités ci-haut, le développement de la sidérurgie dans notre pays renferme d'autres défis qui sont secondaires et par conséquent ne feront pas l'objet de ce chapitre.

Les industries sidérurgiques sont une nécessité pour tout pays qui aspire à construire les bases d'un développement solide et planifié. La République Démocratique du Congo qui renferme des potentialités énormes doit s'investir dans l'installation et l'épanouissement de la sidérurgie, option idéale pour atteindre la croissance. La volonté politique doit aussi être manifeste et déterminée pour l'effectivité de la matérialisation de la vision de l'industrialisation du territoire national à partir de l'essor des industries sidérurgiques. La demande actuelle attachée à la consommation interne des produits sidérurgiques est très considérable et milite en faveur de l'implantation et de l'expansion des industries sidérurgiques à travers le pays.

La localisation des usines sidérurgiques doit être liée non seulement à la présence des gisements de minerais de fer, mais surtout à la quantité de réserves disponibles. Cette option a l'avantage de faciliter l'approvisionnement régulier en matières premières. Ainsi donc, l'implantation des industries sidérurgiques dans notre pays est possible, dans un premier temps, dans la province Orientale, dans le Kasaï Occidental, dans le nord Katanga (Lomami) et dans le Bas-Congo. La localisation des usines sidérurgiques aux quatre endroits cités ci-haut est indiquée par le fait que certains défis peuvent être relevés notamment celui qui est lié à la commercialisation. Ces différents sites sont également accessibles pour l'acquisition des matériels utiles pour la construction des usines et de ses annexes.

4.1. L'Evolution de la Sidérurgie

On ne peut parler du développement de l'industrie sidérurgique sans faire allusion à l'acier qui est un alliage de fer et de carbone. En d'autres termes, l'industrie sidérurgique est un processus qui consiste à l'élaboration et à la transformation de l'acier. Nous rappelons que le développement d'un pays dépend aussi de sa capacité de consommation des produits sidérurgiques.

Avant de devenir ce qu'elle est aujourd'hui, la puissante Communauté Européenne a commencé par être un comité interrégional du charbon et de l'acier. Malgré leur interdépendance et la mondialisation dont on parle tant à ces jours, ces différents pays industrialisés ont chacun développé sa sidérurgie ; alors que la plupart d'entre eux ne possède pas des minerais de fer dans leur sol.

La République Démocratique du Congo, à l'instar de plusieurs pays africains, est resté sans aucune usine sidérurgique depuis l'Etat Indépendant du Congo jusqu'à son accès à la souveraineté internationale. Pendant cette période, les besoins intérieurs en produits sidérurgiques étaient faibles et ne nécessitaient pas l'existence d'une industrie sidérurgique. Il a fallu attendre l'automne 1969 pour assister au démarrage de négociation entre les représentants congolais et la délégation du Consortium Italo-Allemand qui va aboutir en Eté 1970 à la signature du marché de fournitures pour la première phase de réalisation, à savoir une aciérie électrique de type moderne avec laminoir et un atelier complet de laminage à froid des bandes. La mise en route a eu lieu dans le courant de l'année 1973. (Article de presse).

En raison de l'expérience acquise les années antérieures dans la réalisation d'ensembles analogues, la société DEMAG avait obtenu le marché de fournir l'ensemble aciérie-Laminoir qui, à partir de ferrailles, allait produire dans la première phase 100 000 tonnes environ de produits laminés. L'usine a été implantée à 40 km environ au Nord-Est de Kinshasa dans la Commune de Maluku. Cet emplacement a été choisi parce que situé au bord du fleuve Congo, il répondait aux projets d'extension future en permettant la construction avantageuse d'un port pour l'approvisionnement ultérieur de l'usine et l'évacuation de produits finis par bateau. Une voie ferrée devait être construite pour la prolongation de la voie existante partant du port de Matadi et se terminé à Maluku. (Article de presse).

D'après l'ingénieur Ngoy Lubaba, la sidérurgie de Maluku devrait être placée dans la prolongation du barrage hydroélectrique d'Inga. En effet, le grand barrage d'Inga projetait une puissance de loin supérieure aux besoins recensés du Congo ; il fallait donc lui trouver des consommateurs. Le complexe sidérurgique de Maluku, avec un appel de puissance de 200 Mw c'est-à-dire plus de 10% de la puissance installée de la première phase d'Inga I, figurait parmi les gros clients.

Suivant toujours l'ingénieur Ngoy Lubaba, la République Démocratique du Congo, à l'époque du Zaïre en 1974, a commercialisé ses premiers ronds à béton laminés dans son usine sidérurgique de Maluku. La production s'est arrêtée au début de l'année 1976, soit deux ans après le démarrage de ce qui aurait pu être un début d'industrialisation. On se rappellera que la sidérurgie de Maluku a été attaquée sur la question de prix de vente de ses produits, jugés trop chères par rapport aux produits similaires importés. Depuis lors, la société sidérurgique nationale était restée sans activités quelconques sous la direction de Chargé de Mission.

L'échec de la sidérurgie de Maluku, qui était pourtant prévisible, a jeté de l'opprobre quant à la poursuite ou la relance du projet. Il a fallu attendre l'année 2000 avec la manifestation de la volonté politique par la mise en place d'un Conseil d'Administration et d'un Comité de Gestion que j'ai eu l'honneur de diriger ayant pour mission de relancer les activités de la sidérurgie nationale. Pour ce faire, nous avons obtenu de la plus Haute Autorité du pays un financement qui nous a permis de remettre en marche le compensateur statique pour l'alimentation de l'usine en énergie électrique grâce à l'appui technique de la société nationale d'électricité, SNEL en sigle. Nous avons également construit le four électrique avec les briques réfracteurs que nous avons trouvées abandonnées à l'usine ; et réhabilité la ligne de la coulée continue. Nous avons aussi réhabilité le circuit de refroidissement et les poches de coulée.

Nous avons procédé encore à des travaux d'aménagement des bureaux et à l'équipement en charroi automobile en vue d'améliorer l'image de l'entreprise auprès de partenaires et redonner confiance aux personnels. Les différents travaux ayant touchés à leur fin ; il était question d'effectuer des essais avec charges pour apprécier la viabilité des installations. Une fois les essais concluants, nous allions passer à la relance des activités de l'usine. Malheureusement c'est à ce moment qu'une décision politique de remplacement de tous les mandataires est intervenue dans toutes les entreprises de l'Etat. Après notre départ, deux comités de gestion ont été mise en place et la situation de l'usine est demeurée stationnaire.

Selon l'ingénieur Ngoy Lubaba, l'échec de l'usine sidérurgique de Maluku a poussé certaines personnes à penser qu'il aurait fallu commencer la sidérurgie nationale par le traitement de minerais de fer situés dans le sous-sol congolais. Nous faisons effectivement partie de ceux qui estiment que le développement des industries sidérurgiques dans notre pays doit se faire par l'exploitation des minerais de fer à partir desquels on peut fabriquer les éponges de fer par réduction directe en remplacement de la ferraille. Ces éponges de fer devront permettre l'élaboration des aciers qui peuvent être transformés en divers produits sidérurgiques.

Tout au long de cet ouvrage, nous nous sommes attelé à présenter la vision du développement des industries sidérurgiques à travers le territoire national grâce à l'exploitation des différents gisements de minerais de fer qui sont déjà localisés dans les provinces du Bas-Congo, du Kasaï Occidental, du Nord Katanga ainsi que dans la province Oriental. Les préalables pour la réalisation d'une telle vision sont réunis en République Démocratique du Congo. Il suffit de la volonté politique manifeste pour mettre à disposition les ressources financières nécessaires en vue de l'implantation de la sidérurgie. L'échec de la Société Sidérurgique de Maluku ne doit pas décourager le pouvoir public pour engager la nation à investir dans ce secteur qui constitue d'ailleurs le monteur pour la croissance durable de notre pays.

4.2. L'Enjeu de transfert de la technologie

Le transfert de la technologie est un défi à relever dans tout projet d'industrialisation plus particulièrement dans l'implantation de la sidérurgie dans un pays en voie de développement. Pour la mise en place d'une chaîne de production dans le domaine sidérurgique telle que nous le proposons dans ce livre, Il est impérieux de mener des négociations par étape en vue de l'acquisition de la technologie appropriée pour la fabrication de éponges de fer, pour l'élaboration des aciers, pour les ateliers de transformation des aciers en produits sidérurgiques et enfin pour l'exploitation de minerais de fer et de gaz réducteur. Après avoir défini et identifié les différentes technologies nécessaires, il faut se rassurer de partenaires avec qui on peut discuter pour aboutir aux accords de la fourniture des matériels indiqués.

Concernant les éponges de fer, la technologie pour sa fabrication est très développée aux Etats-Unis d'Amériques, en Allemagne et en Inde il s'agit des procédés MIDREX et HYL III. Il est souhaitable d'aller négocier avec les Américains et/ou les Allemands dans la perspective d'obtenir le transfert de cette technologie vers notre pays. Car ce sont les Américains qui ont installé les procédés Midrex en Inde pour de raisons de minimiser le coût de la main d'œuvre. Ils ont également installé le procédé Hyl I en Allemagne qui a fait l'objet de recherche de la part des Allemands et qui a abouti à la mise en place du procédé Hyl III. Cette évolution technologique a permis d'améliorer la production et la qualité des éponges de fer.

Concernant l'élaboration des aciers, nous avons clairement identifié au chapitre II de ce livre la technologie appropriée pour notre sidérurgie ; il s'agit de la filière intégrée, laquelle filière est indiquée pour notre pays. Car elle permet d'élaborer les aciers à partir des éponges de fer qui sont obtenus par les procédés de réduction directe des minerais de fer par le réducteur gazeux. Cette technologie permet également de produire des aciers de toutes nuances à moindre coût. Elle est plus développée en Allemagne ou en Italie.

Quant aux ateliers de transformation des aciers en produits sidérurgiques, il est opportun d'évaluer au préalable les besoins en vue de procéder aux simulations susceptibles de déterminer le choix des technologies. Nous insistons sur la nécessité d'accorder la priorité aux ateliers qui peuvent fabriquer des produits sidérurgiques destinés aux grands chantiers de construction notamment les tôles, les poutres. Il faut cependant acquérir aussi des ateliers pour la production des produits secondaires tels que les barres de fer, les cornières et les clous. Pour cette catégorie de mini usines, la négociation doit être menée avec les partenaires le plus offrant étant donné que cette technologie est disponible dans plusieurs pays développés. Pour l'exploitation de minerais de fer et du gaz, il est aussi nécessaire de prendre de contacts avec les pays ayant une expérience avérée dans ce domaine pour bénéficier de leurs méthodes de travail.

La délégation congolaise, à toutes ces négociations, doit être composée des personnes outillées qui, à près avoir identifié au préalable les types de matériels dont le pays en a besoin, peut déceler les failles éventuelles dans la conception des différentes usines. Pour obtenir le feu vert en vue de l'implantation de la Sidérurgie de Maluku, la République Démocratique du Congo avait mené des négociations avec le consortium Italo-Allemand pour la signature du marché de fourniture des matériels nécessaires. Ces négociations avaient permis aux deux parties de définir et de transférer la technologie qui, de l'avis de plusieurs personnes averties, n'avait pas été celle qu'il fallait. Notre pays doit ainsi donc éviter les erreurs commises par le passé lors du choix de la technologie de l'usine sidérurgique de Maluku dont la plus importante a consisté à opter pour l'utilisation de la ferraille comme matière première.

Cette option était périlleuse dans ce sens qu'il fallait ramasser 400 tonnes de ferrailles par jour, à défaut procéder à l'importation de cette matière première avec comme conséquence l'augmentation excessive du coût des produits. A l'exception de la ferraille, tout le reste c'est-à-dire les réfractaires, les ferro-alliages et les pièces de rechange devraient être importés. Ceci est encore plus grave avec le choix de laminoir à froid dont toutes les matières premières précisément les bobines de tôles ou coils et le produit de décapage (l'acide chlorhydrique) devraient provenir de l'extérieur du pays. L'échec de l'usine sidérurgique de Maluku, loin de nous décourager, doit nous permettre de tirer des leçons constructives pour la réalisation de notre vision qui consiste à développer l'étendue du territoire national partant de l'implantation et l'expansion de l'industrie sidérurgique.

La délégation congolaise aux négociations doit veiller à ce que les éléments suivants puissent figurer clairement dans les termes des accords :

- La fourniture des machines doit être complète c'est-à-dire il faut éviter toute livraison par étape ;
- La formation des congolais pour le transfert de la technologie doit avoir lieu avant toute livraison des machines :
- L'accompagnement technique et sa durée doivent être définis clairement ;
- La formation locale et sa durée doivent aussi être précisées ;
- Les modalités d'acquisition des pièces de rechanges doivent également être fixées ;
- La participation de la partie congolaise aux opérations de démontage de machines ainsi qu'à leur installation au site d'exploitation de l'usine sidérurgique ;
- Les machines ainsi que les pièces de rechange doivent être accompagnées des spécifications techniques détaillées.

La présence de tous les éléments ci-haut, dans les accords signés entre les deux parties constitue une preuve tangible de la volonté de transfert de technologie.
La fourniture complète des machines de l'usine est une exigence capitale pour l'implantation et le développement de la sidérurgie. Par le passé, la République Démocratique du Congo avait fait le frais d'une livraison de machines par étape avec la Société Sidérurgique de Maluku dont l'étape suivante n'a jamais été livrée. Curieusement, le consortium a fourni une deuxième usine appelé laminoir à froid qui a fait l'objet de plusieurs critiques parmi lesquelles l'ingénieur Ngoy Lubaba.

Selon ce dernier, la présence de la deuxième usine du complexe sidérurgique de Maluku c'est-à-dire le laminoir à froid a hypothéqué les chances de réussite de la sidérurgie nationale. Les différentes critiques ont porté sur le fait que toutes les matières premières devaient être importées ; 12 000 tonnes de bobines d'acier devaient être également importé par mois, le décapage à l'acide chlorhydrique était aussi à importer au lieu de miser sur l'acide sulfurique déjà fabriqué par la GECAMINES ; une production de 15O OOO tonnes de tôles par an pour un marché étriqué estimé à 30 000 tonnes de produits similaires, etc.... Pour Ngoy Lubaba, il apparaît clairement que le laminoir à froid, basé essentiellement sur les coils importés, n'avait pas sa place dans le projet initial du complexe sidérurgique de Maluku.

La formation préalables des ingénieurs et techniciens congolais, avant l'installation de l'usine, est encore une exigence qui permet de constituer une main d'œuvre spécialisée qui va participer au montage des machines et assurer le fonctionnement et la maintenance. L'accompagnement pendant une période bien définie est nécessaire aussi pour faciliter la formation locale des autres ingénieurs et techniciens et surtout matérialiser le transfert de technologie. L'approvisionnement en pièces de rechange doit être assuré ; à défaut il faut envisager l'adaptation en se référant aux spécifications techniques livrées.

Comme on peut le constater, les négociations sur l'acquisition de la technologie en vue de l'implantation des industries sidérurgiques dans notre pays, ne peuvent être menées que par des personnes outillées qui sont habilitées à préserver l'intérêt national. Car dans la plupart de cas, l'échec d'un projet d'industrialisation résulte soit des mauvais accords qui ont été mal négociés ; soit de la mauvaise exécution de ceux-ci. Par contre, un accord bien négocié et bien accompli a des fortes chances de produire des résultats positifs et attendus.

4.3. L'Enjeu financier

La sidérurgie, industrie lourde par excellence, nécessite un investissement important dans les infrastructures, dans l'acquisition des machines et dans l'exploitation de l'usine. Cet investissement doit couvrir aussi les activités de recherche qui sont indispensables pour la concrétisation de la vision sur le développement des industries sidérurgiques.

En effet, il est question d'affecter une quotité de l'investissement dans la recherche pour identifier les gisements de minerais de fer, localiser les sites d'exploitation et déterminer sa viabilité. Ensuite, vient l'étape d'évaluation des besoins internes en produits sidérurgiques dans le but de procéder aux simulations des techniques en vue de spécifier le type d'ateliers pour la transformation des aciers. Tous ces éléments réunis vont permettre d'élaborer le projet proprement dit.

Concernant la sidérurgie, il faut faire remarquer qu'il y a lieu de distinguer les produits sidérurgiques secondaires tels que les barres de fer, les cornières, les clous, les poutres légères, etc… ; et les produits sidérurgiques plats qui sont destinés aux grands chantiers de construction métalliques c'est le cas des tôles, des rails, des différentes poutres, etc. Dans la plupart de cas, l'évaluation des besoins en produits sidérurgiques ne se limitent que sur les produits secondaires étant donné que l'opinion n'a pas souvent connaissance de l'existence et de l'utilité des autres types des produits sidérurgiques appelés produits plats qui sont employées dans la fabrication des wagons, des bateaux, des avions, des armes, des pièces de rechange et de voies ferrées. Pourtant cette deuxième catégorie des produits sidérurgiques est la plus rentable.

La République Démocratique du Congo a un besoin incommensurable en produits sidérurgiques destinés aux grands chantiers de construction métallique. En d'autres termes, nous voulons insister sur la nécessité de l'utilisation de ces produits dans les travaux de construction des voies ferrées, des ponts, des bateaux, des vedettes ainsi que des bacs pour désenclaver les différentes provinces et le pays en général. L'orientation du choix de la technologie destinée aux ateliers de transformation des aciers doit primordialement être faite dans le but de satisfaire à ces genres des besoins et non seulement aux besoins courants. Car la rentabilité des usines sidérurgiques en dépend.

L'échec du complexe sidérurgique de Maluku est en partie dû au fait que la production a été orientée vers les produits sidérurgiques secondaires qui ne sont pas rentables en eux-mêmes. En effet, l'implantation et le fonctionnement des usines sidérurgiques est très coûteux et ne peuvent être rentable qu'avec la seule production des produits sidérurgiques secondaires. Si nous voulons expérimenter l'expansion de la sidérurgie, nous devons nous engager dans la production des tôles, des rails et des différentes poutres en lieu et place des barres de fer, des cornières et autres accessoires de construction ordinaire. Loin de nous l'idée de négliger la fabrication des produits sidérurgiques secondaires ; cependant elle ne doit pas constituer la priorité dans la vision de l'implantation de la sidérurgie pour l'industrialisation de notre pays et pour son développement durable.

L'enjeu financier dans le processus de l'installation de la sidérurgie dans notre pays est un élément important qui mérite de retenir l'attention du pouvoir public. En effet, pour concrétiser la vision du développement de la sidérurgie, il faut l'implication sans faille du pouvoir public dans la recherche de ressources financières conséquentes. Car la sidérurgie est un investissement à long terme mais indispensable pour assurer l'industrialisation et le développement durable.

L'acquisition des différentes usines qui composent la chaîne de production c'est-à-dire l'usine pour la fabrication des éponges de fer, l'usine pour l'élaboration des aciers, les ateliers métalliques pour la transformation des aciers en produits sidérurgiques ainsi que les matériels pour l'exploitation des minerais de fer et du gaz réducteur constituent l'investissement essentiel pour la matérialisation de la vision. La construction des différentes infrastructures qui accompagnent l'implantation de l'industrie sidérurgique est aussi un investissement non négligeable en terme financier. Il faut ajouter également la fourniture permanente, qualitative et quantitative de l'énergie électrique, élément indispensable pour tout projet d'industrialisation. Dans le cas de notre pays, on peut être obligé à réhabiliter ou à construire les centrales hydroélectriques dans les sites identifiés à proximité du lieu localisé pour l'implantation de l'industrie sidérurgique.

L'exploitation des différentes usines de la chaîne, ainsi que les autres activités connexes telles que le transport des minerais de fer et de gaz exige aussi de moyens financiers importants.

Il est généralement reconnu que ces genres de projet ne rapportent pas des dividendes dès la première année ; il faut investir des moyens financiers conséquents et travailler minutieusement pour atteindre les objectifs escomptés. D'une manière concrète, une industrie lourde telle que la sidérurgie produit des effets de rentabilité à partir de sa troisième année. Le succès de l'industrie sidérurgique est lié au choix de la technologie, à la réussite de son implantation, à son démarrage et à son exploitation. Ces différentes étapes dans le processus de l'installation des matériels et leur fonctionnement doivent être réalisées avec le concours de toutes les parties y compris le pouvoir public. Car l'Etat congolais a l'obligation de développer le pays et surtout d'utiliser les différentes ressources disponibles pour faire de la Républiques Démocratique du Congo un pays émergent. Nous sommes convaincus que la sidérurgie est un secteur clé pour le développement durable de notre nation.

4.4. L'Enjeu commercial

L'implantation de la sidérurgie dans notre pays présente un enjeu commercial très important au niveau interne et international. Au niveau intérieur, l'absence des usines sidérurgiques a entrainé l'importation de tous les produits sidérurgiques secondaires c'est-à-dire les produits sidérurgiques destinés à la construction des bâtiments et des routes, etc. Cette situation ne permet pas d'effectuer un contrôle sérieux sur la qualité de produits sidérurgiques importés. La République Démocratique du Congo peut être qualifiée d'un marché commun, ouvert à tout le monde, et dont le contrôle de normes fait défaut.

Les opérateurs économiques qui se sont investis dans le domaine de l'importation des produits sidérurgiques bénéficient ainsi d'une liberté tacite d'amener sur le marché congolais les produits de n'importe quelle qualité. D'ailleurs, la plupart des accidents liés à l'écroulement des immeubles ne sont pas nécessairement dû aux failles techniques mais aussi à la qualité de barres de fer et autres matériels qui ne répondent pas aux normes. Heureusement la grande partie de notre pays se trouve hors de la zone sismique, sinon nous allions assister régulièrement aux catastrophes provenant des accidents des bâtiments.

Ce lobby des opérateurs économiques ne peuvent pas faciliter l'installation et l'expansion des usines sidérurgiques dans notre pays parce qu'ils veulent garder le monopole et échapper au contrôle de qualité. La Société Sidérurgique de Maluku avait payé les frais parce qu'il était chargé non seulement de la production des produits sidérurgiques mais aussi du contrôle de qualité. Il y a donc nécessité et urgence d'organiser ou mieux de faire respecter les normes dans le secteur de la production et de l'importation des produits sidérurgiques. Le fait qu'il n'existe pas une production locale qui soit consistante, ne justifie pas le laissé aller constaté dans ce domaine.

Toujours au niveau intérieur, il existe un enjeu commercial encore plus considérable dans la consommation et la disponibilité des produits sidérurgiques plats c'est-à-dire ceux qui sont destinés à la construction des bateaux, des rails, des wagons de trains et toutes sortes de tôles utiles pour les grands chantiers. En effet, la priorité dans l'implantation des usines sidérurgiques dans notre pays doit être accordée à celles qui fabriquent les produits sidérurgiques plats pour satisfaire aux besoins internes qui sont énormes. La République Démocratique du Congo est un pays à reconstruire dans son entièreté ; il faut avoir une vision et engager une volonté réelle pour atteindre cet objectif.

La commercialisation des produits sidérurgiques plats est donc possible si la nation s'engage dans la voie du développement durable. Depuis la période coloniale, nous avons conservé les mêmes rails, les mêmes trains, bref on a rien innové dans la construction des nouvelles voies ferrées et même dans l'acquisition des matériels roulants. Ce constat est le même en ce qui concerne la navigation fluviale, lacustre et maritime. Dernièrement le gouvernement de la République a annoncé l'achat de wagons pour relancer les activités de la Société de chemin de fer au Katanga. Et pourtant, le chantier naval de l'ex Onatra, le Chantier naval de Chanimétal et l'atelier de la SNCC à Lubumbashi sont équipés pour la fabrication des wagons, des barges, des bateaux, des bacs, etc.

Pour preuve le bateau Colonel Kokolo, vient d'être réhabilité par le chantier naval de l'ex Onatra. Nous pensons qu'au lieu d'aller passer la commande ailleurs, il aurait fallu doter des moyens à ces différents chantiers pour la fabrication des wagons. Il est aussi inadmissible d'assister impuissant à des naufrages répétés des pirogues, des bateaux causant la mort de nos compatriotes ; alors que la nation peut remédier à cette situation en mettant à la disposition de la population des engins de transport appropriés et viables provenant de nos chantiers navals. La seule difficulté à ces jours consiste à l'absence de la production locale de tôles destinées à ces genres de travaux. D'où la nécessité de l'implantation et de développement des usines sidérurgiques pour répondre aux besoins internes.

L'exploitation insuffisante et irrationnelle des voies fluviales et lacustres à cause de manque des bateaux a introduit l'utilisation des baleinières réduisant ainsi la capacité de déplacement des biens et des personnes et causant aussi des accidents mortels. Nous insistons sur la possibilité, pour notre pays, de fabriquer les différents engins de transport fluvial, lacustre et maritime dans les différents chantiers navals existant. Par le passé non lointain, les congolais ont prouvé leur expertise en construisant des bateaux qui ont navigué sur le fleuve Congo. L'équation à résoudre demeure donc la disponibilité qualitative et quantitative des produits plats grâce une production locale en vue de réduire le coût. L'installation et l'essor de la sidérurgie dans notre pays demeure la voie par excellence pour relever ce défi.

La vétusté de tous les chemins de fer, qui datent de l'époque coloniale, est à la base de plusieurs accidents que nous déplorons sur les axes Lubumbashi-Kalemie-Kindu, Kinshasa-Matadi, Ilebo-Kananga-Kamina, etc. Le pouvoir public doit s'engager dans la réhabilitation et la modernisation de toutes ces voies ferrées en s'appuyant sur l'expertise congolaise qui est d'ailleurs non utilisée convenablement. Il faut faire remarquer que le développement de notre pays passe par le désenclavement des provinces.

Nous félicitons le gouvernement d'avoir pris l'option de relier les différentes provinces de notre pays par voie routière. Etant donné l'étendue du territoire national et du fait d'une pluviométrie très élevée, il est important d'envisager le traçage des nouvelles voies de communication pour la construction des chemins de fer en vue de faciliter la circulation des personnes et de leurs biens.

Il ne suffit pas d'aménager des nouvelles voies ferrées mais il faut aussi pourvoir à l'équipement en locomotives. Les produits sidérurgiques plats constituent la matière principale dans la construction de wagons de train. Pour le développement de voies ferrées dans notre pays nous devons investir dans la sidérurgie pour pallier à l'importation de tôles. De même pour une opérationnalité maximale des différents chantiers navals existant, il est opportun de s'engager dans la production locale des produits sidérurgiques plats. Les locomotives fabriquées dans notre pays à partir des matières premières produites localement présentent l'avantage de créer les emplois, d'encourager l'expertise nationale et de minimiser le coût par rapport à celles qui sont importés.

Le développement de la sidérurgie est très bénéfique pour la croissance économique et sociale d'un pays. En effet, la sidérurgie peut être à la base de la mise en place de Petites et Moyennes Industries spécialisées dans la fabrication des électroménagers tels que les cuisinières, les réchauds électriques, les frigos, les congélateurs, les climatiseurs, les groupes électrogènes, les micro-ondes, les machines à laver, les friteuses et d'autres ustensiles de cuisines. Nous pouvons affirmer sans crainte que la sidérurgie est un vecteur des échanges commerciaux.

Après avoir abordé longuement le volet national, nous allons nous appesantir ci-dessous sur les enjeux commerciaux internationaux. Le premier enjeu majeur à ce niveau consiste dans le fait que la République Démocratique du Congo est considérée, par plusieurs pays Africains, Européens,

Asiatique et Américains, comme un débouché viable pour leurs produits sidérurgiques qu'ils soient secondaires ou plats. De ce fait, aucun pays ne peut faciliter l'épanouissement de la sidérurgie dans notre pays. Il faut donc une détermination et une volonté politique manifeste pour doter la nation de cet outil essentiel et incontournable en vue de la croissance et de développement stable et durable.

La fabrication des éponges de fer dans notre pays est encore un enjeu commercial international par excellence ; car elle va ouvrir plusieurs débouchés dans le monde de producteurs des aciers. En effet, plusieurs pays ont besoin des éponges de fer pour l'élaboration des aciers de haute qualité. Etant donné que notre pays dispose de minerais de fer riches et le gaz réducteur moins cher, nous pouvons fabriquer des éponges de fer de très haute qualité à moindre coût et en quantité industrielle. Cette situation ne peut pas laisser indifférent les pays producteurs d'aciers.

L'autre enjeu commercial international important réside dans la commercialisation, auprès des partenaires extérieurs, des aciers de haute qualité à moindre coût, élaboré dans nos usines. La vente des éponges de fer tout comme celle des aciers doit se faire de manière à ne pas préjudicier le fonctionnement et le développement des industries sidérurgiques nationales. Les produits sidérurgiques plats fabriqués en République Démocratique du Congo vont présenter aussi l'avantage de la qualité et de coût accessible par rapport à ceux produits en Europe et en Amérique à cause de la main d'œuvre élevée dans cette partie du monde. En d'autres termes, les produits sidérurgiques plats fabriqués dans notre pays peuvent être concurrentiels sur le marché international.

C'est ici l'occasion pour nous de sensibiliser les dirigeants Africains en général et Congolais en particulier sur leurs responsabilités à défendre les intérêts de leurs pays respectifs. L'accès au marché international est possible à condition de s'y mettre et de s'y engager sérieusement. Aucun pays développé ou une institution internationale quelconque ne peut favoriser l'émergence d'un autre, et cela malgré l'existence de la coopération bilatérale, mixte, multilatérale et internationale. Les Chefs d'Etat des pays africains doivent s'inspirer des exemples de leurs homologues Américains, Français et autres qui se font toujours accompagner des investisseurs de leurs pays dans la plupart de leurs voyages Officiels. Cette manière de faire est une stratégie pour la recherche des débouchés en vue de vendre leurs produits et renforcer leur économie.

Pour développer la sidérurgie dans notre pays, nous devons avoir plusieurs stratégies qui peuvent aussi aider l'entrée de nos produits dans le marché international. L'une des stratégies consiste à favoriser l'implantation, à travers le territoire national, des usines de montage des véhicules de différentes marques. D'ailleurs, la République Démocratique du Congo a une expérience dans ce domaine précis avec l'usine de montage des véhicules General Motors, l'usine de montage des véhicules marque Peugeot 404 et celle de Volkswagen. L'existence de ces usines de montage dans notre pays est un élément important pour le transfert de technologie mais aussi pour la vente des produits sidérurgiques plats provenant de nos usines. Nous pouvons nous inspirer du cas de Brésil qui a utilisé cette stratégie pour développer sa sidérurgie.

En effet, le Brésil ayant pris conscience de l'existence d'une réserve importante des minerais de fer sur son territoire, a entrepris des négociations avec l'Allemagne pour l'implantation des usines de montage des véhicules marque Volkswagen. Le transfert de ces usines au Brésil a permis à celui-ci de négocier la licence pour la fabrication des certaines pièces de rechange du véhicule de marque Volkswagen en utilisant des aciers produits localement. Cette nouvelle voie de débouché a contribué efficacement à l'expansion de l'industrie sidérurgique du Brésil. Aujourd'hui le Brésil est compté parmi les pays émergents dans monde.

Nous encourageons ainsi les autorités congolaises à prendre l'initiative d'aller vers les Etats Unis d'Amérique, la France, l'Allemagne, le Japon, la Corée du Sud et la Chine pour engager des négociations en vue de l'implantation des usines de montage des véhicules de marque fabriquées dans ces pays respectifs. Nous pensons que les contacts doivent être pris avec tous ces pays pour donner plus de chances à la conclusion des contrats avec plus de deux marques automobiles. L'installation de ces usines de montage dans notre pays est un facteur important dans le processus des négociations futures pour l'obtention des licences de fabrication des pièces de rechange sur place. On ne peut parler de fabrication des pièces de rechange qu'en recourant à l'utilisation des aciers élaborés dans la sidérurgie congolaise.

Cette étape est capitale dans le processus de l'introduction de notre acier dans le marché international. La présence de l'acier congolais sur le marché mondial peut faciliter la compétitivité de nos produits et à long termes occasionner la délocalisation des certaines industries des pays développés vers la République Démocratique du Congo qui a une main d'œuvre jeune, disponible et moins coûteux. Compte tenu de ce qui précède, l'enjeu commercial au niveau international est certes énorme mais pas impossible. Nous devons avoir une vision claire et nette de ce que nous voulons faire de nos potentialités immenses et par conséquent de notre pays.

Il est temps d'engager notre nation dans la voie de développement ; est l'une des stratégies pour relever ce défi consiste non seulement dans l'implantation et le développement de la sidérurgie mais aussi dans la satisfaction des besoins internes en produits sidérurgiques secondaires et/ou plats ainsi que dans la commercialisation de nos produits sur le marché international. Notre pays a la vocation d'être parmi les grands producteurs d'aciers dans le monde.

4.5. L'Enjeu de développement

L'implantation de la sidérurgie en République Démocratique du Congo est un enjeu non négligeable pour son développement intégral, stable et durable. Il est généralement reconnu que la croissance et l'épanouissement d'un pays est aussi tributaire de son industrialisation. La sidérurgie, industrie industrialisante, constitue une vision viable pour notre pays. Car, pour s'engager dans la voie de l'industrialisation d'un pays si vaste comme le nôtre, il faut avoir une vision bien définie et globale. Celle-ci doit clairement définir les stratégies pour la transformation des potentialités diverses en richesse réelle et celle pouvant permettre la création des emplois.

Nous pouvons qualifier un pays comme étant développé si celui satisfait aux besoins primordiaux de sa population en lui assurant un logement décent ; un accès à l'éducation, à la santé, à l'eau potable, à l'énergie électrique et à l'alimentation. Un pays développé doit aussi assurer à ces concitoyens de l'emploi, des voies et moyens de communication viables. L'expansion d'un pays se fait également remarquer par sa capacité de production des biens et services susceptibles d'être exportés après avoir répondu à la demande intérieure. Une économie florissante est aussi un élément d'appréciation d'un pays développé. Tous ces éléments cités ci-dessus sont autant des défis à relever pour notre pays. L'enjeu du développement est donc considérable dans la vision de l'implantation de la sidérurgie pour l'épanouissement de notre nation.

Nous sommes convaincus que l'essor des industries sidérurgiques peut être considéré comme l'une des stratégies capable d'aider la République Démocratique du Congo d'atteindre le niveau de développement tel que nous l'avons défini ci-haut. Plus de cinquante ans, après notre accession à la souveraineté internationale, notre pays n'a pas pu décoller faute d'une vision claire ; et cela malgré plusieurs options déclarées mais qui n'étaient pas matérialisées par des projets concrets. Il faut distinguer la période coloniale et post coloniale pour mieux cerner notre idée.

En effet, pendant la période coloniale, le développement de notre pays était organisé à partir de l'exploitation des minerais avec la création de sociétés et de cités minières. Cette approche qui est approprié pour notre pays jusqu'à ces jours, n'a pas été poursuivi après la période post coloniale. L'abandon de cette stratégie de développement n'a pas été remplacé par une autre conduisant ainsi la nation dans une direction claire et lisible. C'est ce qui explique le tâtonnement, le goût d'inachevé dans lequel la République Démocratique du Congo est plongée depuis plus de cinquante ans. Il est vrai que certains investissements d'éclat ont eu lieu, mais elles n'ont conduit nulle part tout simplement parce qu'ils étaient menés en dehors d'une vision, d'un projet cohérent, réfléchi et globale.

C'est ici l'occasion pour nous de lancer un appel à l'élite congolaise, toute tendance confondue, et plus particulièrement à la classe politique ainsi qu'aux au pouvoir public pour mettre en place un ou plusieurs projets concrets pour l'émergence de notre pays. Nous devons tous parler un même langage sur l'essentiel touchant à la vie nationale c'est-à-dire la vision sur le développement sur la République Démocratique du Congo doit être un élément qui nous rassemble.

Les divergences doivent exister au niveau des méthodes à emprunter pour matérialisation. Raison pour laquelle, nous venons présenter à la communauté nationale un projet ou une vision dont la concrétisation peut amener le décollage et l'épanouissement de notre pays. Si par le passé le développement de la République du Congo était organisé autour de l'exploitation de minerais tels que l'Or, le Cuivre, l'Etain, etc... ; il est nécessaire aujourd'hui d'expérimenter l'exploitation de minerais de fer pour la fabrication des éponges de fer en vue de l'élaboration de aciers de bonne qualité.

Ce projet a l'avantage d'engendrer bien d'industries secondaires de transformation de l'acier. Pour être plus précis, la chaîne de production des produits sidérurgiques telle que nous le présentons dans cet ouvrage, permet la création d'emplois grâce à la mise en place de plusieurs Petites et Moyennes Entreprises (PME) et de Petites et Moyennes industries (PMI). Il est reconnu aujourd'hui que la croissance d'un pays ne résulte pas de grandes entreprises mais plutôt Petites et Moyennes Entreprises (PME) et Petites et Moyennes Industries (PMI), c'est-à-dire de la classe moyenne.

Ce projet a l'avantage également de favoriser l'industrialisation et l'émergence des autres secteurs clés de la vie à savoir l'agriculture, l'éducation, la santé, l'habitat, l'énergie et les infrastructures en général. L'apport de la sidérurgie dans l'économie nationale est très significatif grâce à la commercialisation de ses produits au niveau interne et externe. Ce projet est un moyen par excellence pour la transformation des certaines potentialités de notre pays en richesse réelle. Il facilite aussi la répartition des richesses ainsi créées par l'octroi d'un revenu à la population grâce à l'emploi.

Compte tenu de ce qui précède, nous pouvons affirmer que le projet de développement de la sidérurgie est une stratégie efficace qui peut amener la République Démocratique du Congo au niveau d'un pays non seulement émergent mais aussi développé. Nous en appelons à la conscience de l'Elite Congolaise, de la classe politique et des gouvernants afin de s'approprier de cette vision pour le bien être de notre peuple et de notre nation.

Nous voulons faire remarquer que la réalisation de cette vision n'exclut pas l'existence des autres projets dans des domaines clés de la vie nationale ; car la vision que l'on doit avoir pour une nation peut renfermer plusieurs projets de développement qui sont complémentaires pour atteindre l'objectif d'un pays développé. Ainsi donc, l'implantation et l'expansion de la sidérurgie en République Démocratique du Congo peut se faire au même moment que d'autres projets tels que l'industrialisation de l'agriculture, l'électrification du territoire national, la construction de routes de desserte agricole, etc… .

4.6. Les autres enjeux

L'installation et l'essor des industries sidérurgiques dans notre pays présentent d'autres enjeux que nous n'avons pas pu détailler dans ce chapitre. Dans cette catégorie, nous pouvons citer les enjeux sécuritaires, les enjeux régionaux, les enjeux économiques proprement dit et les enjeux militaires. Nous devons préciser que les différents enjeux qui ont été abordés en détail plus haut, peuvent être classés dans la catégorie des défis à relever pour l'aboutissement de l'implantation et du développement des industries sidérurgiques.

Concernant les enjeux sécuritaires, il faut d'abord rappeler que la République Démocratique du Congo est entourée de neuf pays voisins et de ce fait, elle doit mobiliser des moyens significatifs en ressources humaines, matérielles et financiers pour mieux contrôler les différentes frontières. Cette situation exige à notre pays d'être fort, puissant, organisé, équipé et avoir un leadership confirmé dans la région. Pour atteindre cet objectif, la République Démocratique du Congo doit travailler à l'interne pour devenir un pays réellement développé. Nous pensons que ce développement peut s'organiser autour des industries sidérurgiques. En d'autres termes, le progrès de la sidérurgie peut contribuer à donner à notre pays des moyens suffisants pour assurer sa sécurité.

Concernant les enjeux régionaux, il faut noter que la position qu'occupe la République Démocratique du Congo dans la région lui confère la vocation d'être leader et jouer un rôle important. A ceci s'ajoute la possession, par notre pays, des diverses et nombreuses potentialités lesquelles le destinent encore à un leadership dans la région. Pour assumer ce leadership, notre pays doit s'investir à transformer ces potentialités en richesses et renforcer ainsi son économie. Car un Congo fort est capable de jouer un rôle primordial comme c'était le cas avant l'indépendance, pendant la première république et les premières années de la deuxième république.

En effet, pour mieux illustrer ces propos, nous rappelons que les universités congolaises étaient une référence et ont formé plusieurs étudiants en provenance de pays africains. Il en est de même des hôpitaux congolais qui accueillaient des malades en provenance de plusieurs pays y compris de l'Afrique du Sud. Un franc congolais était équivalent à deux dollars américains. A la suite des rebellions, de l'instabilité politique et de la mauvaise gouvernance, la République Démocratique du Congo a perdu sa place sur l'échiquier régional et international. Nous devons donc travailler pour reconquérir notre position en Afrique et dans le monde.

Concernant les enjeux économiques proprement dit, nous n'allons pas nous étendre sur ce point étant donné que nous avons un chapitre qui présente l'apport économique de la sidérurgie dans le développement de notre pays. C'est à ce niveau que nous avons tenté de montrer l'enjeu de la sidérurgie dans le renforcement de l'économie de la République du Congo à l'instar des autres pays dit émergents ou développés.

Concernant les enjeux militaires, il faut reconnaitre que toutes les informations ayant train à l'armé et aux matériels militaires sont très délicates et il n'est pas aisé de les exposer dans un ouvrage qui se veut être un instrument de vulgarisation et de sensibilisation de l'opinion nationale. Cependant, il faut retenir que les industries sidérurgiques contribuent à la fabrication de plusieurs matériels militaires. Vue sous cet angle, la sidérurgie est un secteur hautement stratégique.

Il existe d'autres enjeux liés à la sidérurgie que nous n'avons pas estimé bon d'aborder dans notre ouvrage de peur de nous éloigner de notre objectif principal qui est celui d'ouvrir ce secteur et le mettre à la disposition de tout le monde en utilisant un langage très simplifié.

Conclusion

La sidérurgie est un domaine très stratégique pour le développement durable d'un pays parce qu'elle est à la base de la mise en place des industries secondaires qui constituent, à leur tour, la classe moyenne susceptible de créer des emplois. La création des emplois est un moyen par excellence pour procéder à la répartition des richesses nationales au sein de la population. Le développement de la sidérurgie constitue une option ou mieux une stratégie importante pour notre pays en vue d'atteindre les objectifs de l'émergence, de l'industrialisation, de l'électrification du territoire national, de l'urbanisation, de la modernisation, de l'épanouissement, etc.

Cependant, il existe plusieurs défis à relever pour le développement des industries sidérurgiques. Les réponses à ces différents défis sont parmi les préalables pour l'implantation de la sidérurgie. Nous avons distingué, dans cette catégorie, trois défis à savoir le transfert des technologies, les moyens financiers et les problèmes de débouchées internes et externes. L'autre catégorie des défis est liée au développement, à la sécurité, au domaine militaires et à la coopération régionale. Cette deuxième catégorie regroupe les enjeux qui résultent de l'implantation et du développement des industries sidérurgiques.

Les enjeux liés au transfert des technologies peuvent être atteints par voie de négociation avec les pays détenteurs des technologies appropriées pour les industries sidérurgiques que nous voulons implanter dans notre pays. En d'autres termes, après avoir défini et identifié les différentes technologies, République Démocratique du Congo doit constituer une équipe des négociateurs composée des personnes outillées qui doivent se rendre aux Etats Unis d'Amérique et en Allemagne pour l'acquisition des matériels nécessaires pour l'implantation de la sidérurgie. L'équipe des experts congolais doit également mener d'autres négociations, avec les pays les plus offrants pour l'acquisition des différentes technologies liées aux ateliers de transformation de l'acier en produits sidérurgiques plats ou secondaires.

Les experts congolais doivent veiller à ce que certains points clés soient définis clairement dans les contenus des accords notamment la fourniture complète des machines, la formation des congolais avant toute livraison des matériels en vue de faciliter le transfert de la technologie et la durée de l'accompagnement technique. Toutes ces précautions vont permettre d'éviter les erreurs que le pays a commises par le passé avec la sidérurgie de Maluku.

Les moyens financiers constituent un enjeu qui mérite d'être examiné avant toute implantation des industries sidérurgiques ; car cette vision exige un investissement considérable qui doit couvrir aussi la recherche. Etant donné que la sidérurgie est un domaine de souveraineté, il est préférable que le pouvoir public puisse s'impliquer par la mise à disposition des moyens financiers conséquents. Il faut noter aussi que la sidérurgie est un investissement à long terme dont la rentabilité n'est pas perceptible à la première année de son fonctionnement. Cependant, cette industrie qui exige beaucoup des moyens financiers est très efficace pour renforcer l'économie nationale et pour créer les conditions de l'émergence. On peut par ailleurs accepter les investissements extérieurs au niveau de la mise en place de certains ateliers de transformation.

Un autre enjeu à examiner avant l'implantation de la sidérurgie c'est la commercialisation des produits sidérurgiques. L'estimation des besoins internes en produits sidérurgiques plats est énorme ; car notre pays est un vaste chantier pour la construction des voies et des moyens de communication fluvial, ferrée, routier et lacustre. Le développement de la République Démocratique du Congo est en partie conditionnée par le désenclavement des provinces grâce à la réhabilitation et à la construction des voies ferrées, des bateaux, des wagons, des ponts et des bacs pour assurer la traversée de certains rivières. Les produits sidérurgiques plats peuvent être également utiles dans la fabrication de l'électroménagers, les groupes électrogènes, des carrosseries des camions et des divers portails. Tout ceci prouve en suffisance que la consommation interne de produits sidérurgiques plats est assurée.

Au niveau externe, la République Démocratique du Congo peut mettre en place des stratégies pour accéder au marché international ; parmi lesquelles les montages des véhicules sur place en vue de négocier l'acquisition des licences pour la fabrication de certaines pièces détachées dans notre pays. Cette stratégie a été bénéfique pour d'autres pays qui sont devenus émergeants aujourd'hui.

Les éponges de fer fabriquées dans les industries sidérurgiques congolaises peuvent également intéressées certains pays producteurs d'aciers. Il en est de même des aciers congolais qui seront de haute qualité et qui pourront faire de notre pays un grand producteur d'aciers dans le monde. La République Démocratique du Congo est en mesure d'être placée parmi les géants dans le secteur de production des aciers dans la sous-région de l'Afrique Centrale, au niveau du continent et même dans le monde.

A propos de la commercialisation de produits sidérurgiques secondaires, le marché interne est très vaste et a une forte capacité de consommation qui est due aux différents chantiers de construction qui doivent être entrepris pour la modernisation du pays. L'absence des industries sidérurgiques locales a entrainé l'importation des produits sidérurgiques secondaires qui ne répondent pas souvent aux normes. Pour pallier à cette situation, le pouvoir public a l'obligation de s'engager dans l'implantation et dans le développement de la sidérurgie dans notre pays.

Il faut faire remarquer que les autres catégories d'enjeux c'est-à-dire ceux liés au développement, à l'économie, à la sécurité, au domaine militaire et à la coopération sont résolus au fur et à mesure que les industries sidérurgiques se développent et produisent des effets concrets sur la vie de la population et sur l'environnement.

CHAPITRE 5
LE CHOIX INDUSTRIEL POUR LE DEVELOPPEMENT DE LA SIDERURGIE

5.0. Introduction

L'installation de l'industrie sidérurgique dans un pays constitue un élément essentiel pour son épanouissement. Pour ce faire, la sidérurgique doit être structurée de manière à s'insérer dans le plan global de la croissance économique d'une nation. Selon Bosson et Bension, les principaux objectifs de développement d'une industrie consiste à assurer l'utilisation optimale des ressources minières disponibles, à créer directement ou indirectement des emplois ; à favoriser les liaisons en amont comme en aval par la création des industries secondaires des services, des unités de transformation des matières premières, des centres de consommation de produits transformés, etc.

L'option de l'organisation de la sidérurgie comme groupe d'entreprises ou entreprise-groupe, considéré comme deux courants d'industrialisation opposés, peut être défendue. Dans les deux cas, on trouve des avantages et des inconvénients. La différence entre les deux courants réside essentiellement au niveau du fonctionnement et de l'efficacité. Pour concrétiser l'implantation et l'exploitation de la sidérurgie, il est impérieux d'opérer au préalable un choix entre les deux options.

L'organisation de la sidérurgie en groupe d'entreprises présente une finalité d'intégration conséquente, c'est-à-dire un groupe d'entreprises autonomes mais interdépendantes. Par contre, la structuration de la sidérurgie en entreprise-groupe tend à croitre la taille de l'entreprise tout en créant des problèmes de direction, d'administration et d'organisation.

L'idée de développement de la sidérurgie dans un pays doit nécessairement avoir des objectifs à atteindre et doit s'inscrire dans un cadre efficace et rentable pour obtenir des résultats adéquats. L'orientation, qui sera fixée, va faciliter le choix du courant. Pour notre pays, nous privilégions l'option de concentration horizontale appelée Groupe d'entreprises au détriment de la concentration verticale dit Entreprise-Groupe. BLARDONE affirme dans sa publication de 19… que depuis la fin du XIXe siècle, les dimensions des entreprises se sont de plus en plus agrandies et transformées grâce à la concentration et à l'intégration des industries. Ainsi, ces industries utilisent davantage des capitaux, des travailleurs et produisent en grande quantité. Elles posent par ailleurs des problèmes nouveaux notamment de direction, d'administration et d'organisation, liés à toute organisation nouvelle.

5.1. Groupe d'Entreprises ou Concentration horizontale

Au sens large, le groupe d'entreprises ou concentration horizontale est une option qui consiste à mettre en place une chaîne d'entreprises autonomes et interdépendantes. Cette concentration horizontale s'accompagne souvent d'une spécialisation des établissements ayant chacun un rôle capital à jouer dans la chaîne. Chaque établissement a sa politique et son organisation.

L'interdépendance d'une entreprise à l'autre consiste par le fait que les produits finis de l'une constituent les matières premières de l'autre. Dans le cas d'une chaîne de production sidérurgique, on pourra avoir par exemple un premier établissement qui s'occupe essentiellement de la mine, un deuxième s'occupant du transport, un troisième chargé de la production de gaz, un quatrième de la fabrication des éponges de fer, un cinquième de la production des aciers, ensuite plusieurs ateliers de transformation des aciers en produits sidérurgiques plats ou secondaires ainsi que diverses Petites et Moyennes entreprises chargées de la commercialisation. Tout autour de ces PME se développent généralement des activités informelles qui sont stables et génératrices de revenus. Elles peuvent faire l'objet d'une autre entreprise.

5.1.1. Mise en place de l'option Groupe d'Entreprises

Cette option est appropriée pour la République Démocratique du Congo. En effet, la mise en place de l'industrie sidérurgique doit être accompagnée de la création des petites et moyennes entreprises (PME) et des petites et moyennes industries (PMI) qui vont être autonomes dans la gestion mais interdépendantes. Pour être plus concret, l'installation de la sidérurgie doit se faire au même moment que l'implantation de la chaîne de production.

Car dans le système de groupe d'entreprises, chaque PME et PMI a un rôle capital à jouer pour la rentabilité de la chaîne. Pour le cas de la sidérurgie, il faut une entreprise chargée de l'exploitation des mines et préparation des minerais ; elle sera autonome dans sa direction, dans son organisation et dans son fonctionnement. Ses produits finis vont constituer la matière première de la firme chargée de la fabrication des éponges de fer. Cependant, l'évacuation de ces produits vers les installations de l'entreprise chargée de la fabrication des éponges de fer doit être assurée par un autre établissement autonome.

L'exploitation et le transport de gaz doit constituer l'objet d'une autre organisation c'est-à-dire d'une Petite et Moyenne industrie indépendante dans sa gestion mais jouant un rôle important dans la chaine de production. La fabrication des éponges de fer doit être également confiée à un autre établissement qui doit s'approvisionner en matière première provenant uniquement des entreprises faisant partie de la chaine. En d'autres termes, l'entreprise chargée de la fabrication des éponges de fer dépend, pour son exploitation, du gaz naturel et de minerais de fer qui doivent provenir de deux autres entités de la chaine de production.

Les éponges de fer qui sont produites à partir de la réduction directe de minerais de fer par le gaz naturel, vont servir de matière première à la firme ayant pour objet l'élaboration des aciers. Cette firme, qui est aussi autonome, doit s'atteler à la mise en nuance pour obtenir des aciers de haute qualité. Suivant les besoins, ces aciers vont subir des transformations pour devenir des produits sidérurgiques.

A ce niveau, il y a nécessité de mettre en place plusieurs ateliers de transformation ayant chacun une technologie adaptée à son objet. Pour être plus explicite, les ateliers chargés de la production des produits sidérurgiques secondaires sont non seulement des petites et moyennes industries autonomes mais possèdent aussi, chacune, une technologie appropriée. De même des ateliers de fabrication de produits sidérurgiques plats font recours à de types de technologies distinctes et adaptées. La plupart de ces ateliers sont mécaniques ou métalliques.

Il y a nécessité d'avoir aussi une entreprise chargée uniquement de la maintenance. La figure 5.1 illustre le schéma de concentration horizontale dénommée Groupe d'entreprises. A la fin de la chaîne, on trouve plusieurs PME qui ont pour activité principale la commercialisation des produits sidérurgiques.

Comme on peut le constater les entreprises contenues dans cette chaîne sont chacune autonome dans sa direction, son organisation et son fonctionnement. Cependant elles sont toutes interdépendantes de telle sorte que la défaillance dans le fonctionnement de l'une, entraine une perturbation dans la chaîne de production. Cette option exige un personnel qualifié, très consciencieux et à compétences diversifiées. Signalons que toutes ces firmes n'ont pas nécessairement la même taille ; il y a dans la chaîne des industries, des Petites et Moyennes Entreprises et des Petites et Moyennes Industries.

Le schéma Groupe d'entreprises présenté ci-haut a l'avantage d'assurer la souplesse, l'efficacité, la rentabilité, la rapidité et la rationalité dans le fonctionnement de chaque entreprise et de la chaîne de production. Cette structure favorise l'esprit de créativité et de l'innovation dans le processus de la mise en place d'une classe moyenne.

Compte tenu de l'immensité du territoire national, nous souhaitons que l'industrie sidérurgique, dans l'option Groupe d'entreprises, soit implantée dans toutes les provinces où l'on trouve les minerais de fer. Bien que la carte géologique de notre pays n'indique pas encore la situation des minerais de fer dans toutes les provinces de la République, il est généralement reconnu que le fer est un métal très rependu sur l'écorce terrestre. On admet que la présence du fer est effective à travers toutes les provinces. Selon BRGM, les prospections doivent être menées à l'Equateur, aux Nord et Sud Kivu ainsi que dans la province de Maniema pour confirmer l'existence des gisements des réserves de minerais de fer que l'on peut trouver dans ces provinces.

Le schéma Groupe d'entreprises est facile à implanter parce que toutes les firmes composant la chaine de production peuvent opérer dans un même environnement. En cas d'épuisement de la mine, sa délocalisation ne peut pas perturber le fonctionnement de la chaine ni préjudicier à sa rentabilité. Nous pouvons ainsi affirmer que l'organisation Groupe d'entreprises est la structure la mieux indiquée pour l'implantation et le développement de l'industrie sidérurgique en République Démocratique du Congo. Ci-dessous, nous présentons la figure 5.1 qui montre l'organisation des industries en Groupe des entreprises.

La concrétisation de la vision de l'implantation de l'industrie sidérurgique sur l'étendue de notre pays est faisable. Nous recommandons au pouvoir public de bien vouloir s'approprier de cette vision et surtout d'opter pour le schéma correspondant à l'option Groupes d'entreprises. Car Cette manière de structuration facilite la chronologie de l'installation des entreprises en concentration horizontale et va répondre aux besoins économique et sociale de nos populations.

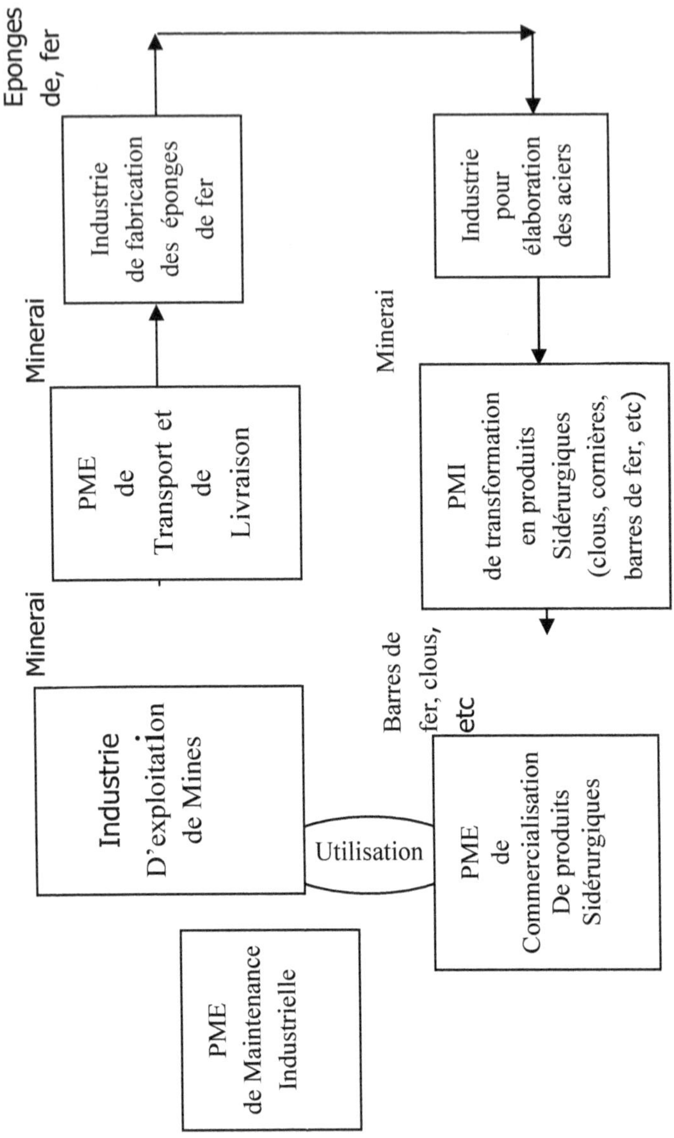

Figure 5.1 : Présentation schéma d'une structure d'un groupe d'entreprises

5.1.2. Avantages et inconvénients du système Groupe d'Entreprises

L'option groupe d'entreprises détient plusieurs avantages en commençant par ceux liés à l'organisation. En effet, cette chaîne renferme en son sein des entreprises de toute catégorie à savoir : des industries, des Petites et Moyennes

Industries et des Petites et Moyennes Entreprises. Comme on peut le constater toutes les catégories d'investisseurs peuvent se retrouver dans ce schéma c'est-à-dire les gros investissements, les moyens investissements et les petits investissements ainsi que des individus.

Cette option présente encore l'avantage de la souplesse dans ce sens qu'il est possible de procéder facilement à l'installation et à la délocalisation d'une entité. La concentration horizontale permet également une efficacité remarquable dans le déroulement des activités de chaque entreprise ; Cette efficacité est liée à la rapidité qui provient de la taille de la firme.

La rationalité est une caractéristique propre aux institutions ayant une bonne organisation, un bon fonctionnement et surtout une bonne gestion. Elle contribue favorablement à améliorer la rentabilité de l'entreprise. Le groupe d'entreprises a aussi l'avantage d'utiliser une diversité des compétences. Cette organisation se trouve au carrefour du développement des infrastructures qui participe entièrement dans le processus évolutif de l'économie d'un pays.

Il est souhaitable que la localisation de la chaîne de production sidérurgique soit installée en tenant compte de la situation géographique de la mine et de moyens d'évacuation des produits vers les lieux de consommation. Mais ce type de concentration a l'avantage de regrouper plusieurs agents sur un même site, d'éviter l'oxydation ultérieure des demi-produits pendant le transport d'un lieu à l'autre par exemple et de permettre un mixage de cultures de populations autour d'un même site.

L'installation de ce groupe d'entreprises a un impact remarquable sur l'environnement, sur les des conditions de vie des populations environnantes, des travailleurs et de leurs familles. La présence de ces différentes institutions est souvent accompagné de l'amélioration des infrastructures routières, la création des nouvelles cités par la construction de l'habitat, des écoles, des hôpitaux, des marchés, des centres commerciaux et même des centres récréatifs. Elle garantit aussi une meilleure fourniture en eau et en électricité.

Ce schéma d'organisation nécessite un pragmatisme et un réalisme conséquent, car, il exige une cohérence dans la chaîne de production. La défaillance dans une composante du groupe peut bloquer totalement la fonctionnalité du système. Ce type d'organisation est utile pour l'expansion des industries dans notre pays.

L'inconvénient majeur lié à cette option, consiste à l'éloignement entre certaines firmes du groupe. Cette situation peut entraver à la circulation des produits et à la fonctionnalité du système de concentration horizontale. Cet éloignement ne peut pas permettre un approvisionnement régulier entre les différentes unités de production. Il peut retarder les diverses livraisons et réduire les entrées en occasionnant des pertes énormes pour les entreprises concernées.

5.2. Entreprise-Groupe ou Concentration verticale

La concentration verticale appelée Entreprise - Groupe se définit comme une option qui tend à croître la taille de l'entreprise en substituant l'objet des autres firmes en unités de production. En d'autres termes, ce qui devrait faire l'objet d'une entreprise autonome dans le schéma Groupe-entreprises est considéré dans ce schéma comme département ou direction. Pour être plus explicite, l'option Entreprises-Groupe a une structure très élargie de telle sorte que la direction générale est secondée par plusieurs départements ; les quels départements renferment, à leurs tours, plusieurs directions et services.
Ce schéma est le contraire de l'option Groupe d'entreprises.

L'organisation et le fonctionnement dans le schéma Entreprise-Groupe présente beaucoup de complexité notamment lourdeur dans la chaine de commandement, le manque souplesse dans l'exécution du travail, l'inefficacité dans le rendement et le disfonctionnement dans l'organisation.

5.2.1. Organisation de l'option Entreprise-Groupe ou concentration verticale

Ce schéma est caractérisé par la mauvaise exécution des ordres de la hiérarchie ou la mauvaise compréhension des directives ; entrainant ainsi un disfonctionnement du système mis en place. Cette situation ralentit le déroulement des activités de l'entreprise. En effet, la taille de l'entreprise étant très énorme, elle rend la gestion inefficace. Pour mieux gérer une institution ayant optée pour le schéma Entreprise-Groupe, il faut une très grande capacité managériale au niveau de la direction générale, des différents départements et directions.

Souvent les entreprises de grandes connaissent les conflits de compétence qui affectent le rendement de celles-ci. Il faut ajouter aussi les difficultés liées à la gestion des ressources humaines ; car ces institutions ont besoin d'utiliser un nombre important du personnel. Nous faisons remarquer que ce type d'organisation peut présenter des difficultés énormes dans son fonctionnement et affecter négativement la qualité du travail ainsi que le rendement de l'entreprise. Nous pensons donc que cette option n'est pas adaptée au développement de l'industrie sidérurgique dans notre pays.

Nous rappelons que la République Démocratique du Congo a recouru, par le passé à cette option qui a donné des résultats non élogieux. Nous pouvons citer l'exemple de la Gécamines, de la Snel, de la Régideso, de l'ex Onatra et tant d'autres. Cette structure a montré ses limites et s'est soldée par des échecs criants. C'est ce qui explique la problématique de la restructuration de plusieurs entreprises de l'Etat qui a abouti à la reforme de celles-ci. Les grandes entreprises, c'est-à-dire les entreprises de grande taille ont l'obligation de se restructurer pour être compétitives et rentables. La restructuration dont il est question a pour objet de faciliter la gestion et le fonctionnement. La concentration Verticale connait effectivement des difficultés dans son fonctionnement et dans le suivi des orientations définies par la direction générale. La République Démocratique du Congo n'a aucun intérêt de demeurer dans une voie qui a montré ses limites par le passé. Pour le progrès de l'industrie sidérurgique dans notre pays, il n'est pas souhaitable de recourir à la concentration verticale. La figure 5.2 présente le schéma de la structure Entreprise-Groupe.

La Société Sidérurgique de Maluku, Sosider est un cas concret de l'échec du schéma Entreprise-Groupe. Cette société a renfermé dans sa structure toutes les tâches même celles qui devraient faire l'objet d'une sous-traitance. Pour être plus clair, la Sosider, en plus de sa mission principale qui était celle d'élaborer l'acier à partir des ferrailles, s'est vue doter d'autres attributions telles que le ramassage et le stockage des mitrailles à travers le territoire national ; le contrôle de qualité de produits sidérurgiques importés, etc. Comme on peut le constater ces deux tâches, qui pouvaient faire l'objet d'une sous-traitance ou d'une entreprise autonome, n'ont pas été bien accomplies par la Sosider du fait qu'elle n'avait pas assez de moyens.

Pour l'efficacité et la rentabilité de la Sosider, il était judicieux de confier la récolte des mitrailles à une Petite et Moyenne Entreprise (PME) et le transport à une autre. Les deux PME (de récolte et de transport) devaient être autonomes dans leurs organisations et dans leurs gestions. Elles devaient avoir l'obligation d'investir des moyens conséquents pour faire leur travail et mettre à la disposition de la Sosider la matière première c'est-à-dire les mitrailles. Cette manière de procéder allait alléger le processus l'élaboration des aciers par la Sosider.

Les aciers produits par la Sosider devraient être transformés en produits sidérurgiques dans différents ateliers mécaniques et métalliques. Ces ateliers constituent des Petites et moyennes industries (PMI) qui sont spécialisés dans la fabrication des barres de fer, cornières, tôles, etc. Dans cette logique, la commercialisation des produits finis devrait être assurée par des PME.

Nous pouvons aussi signaler une autre difficulté que la Sosider a connu est à savoir l'éloignement des services. En effet, la Direction Générale était au centre-ville, les services de comptabilité à Barumbu, le dépôt des mitrailles à Masina et l'usine à Maluku. Cette situation n'a pas facilitée la coordination rapide des activités. A titre illustratif la matière première c'est-à-dire les mitrailles étaient stockées au dépôt de Masina et devait être déplacée par des grands camions vers l'usine de Maluku où un parc de stockage des mitrailles était organisé. Ce dernier c'est-à-dire le parc facilitait le triage supplémentaire de mitrailles avant de les charger dans le four. Nous présentons sur la figure 5.2 le schéma Entreprise-Groupe.

Comme on peut le constater, l'éloignement du dépôt des matières premières par rapport à l'usine de fabrication des aciers a entrainé non seulement des dépenses supplémentaires mais aussi une perte de temps énorme dans le processus de fonctionnement de la Sosider. Ceci est aussi réel dans le déroulement des activités de l'administration du fait de l'éloignement de la Direction Générale avec les autres services.

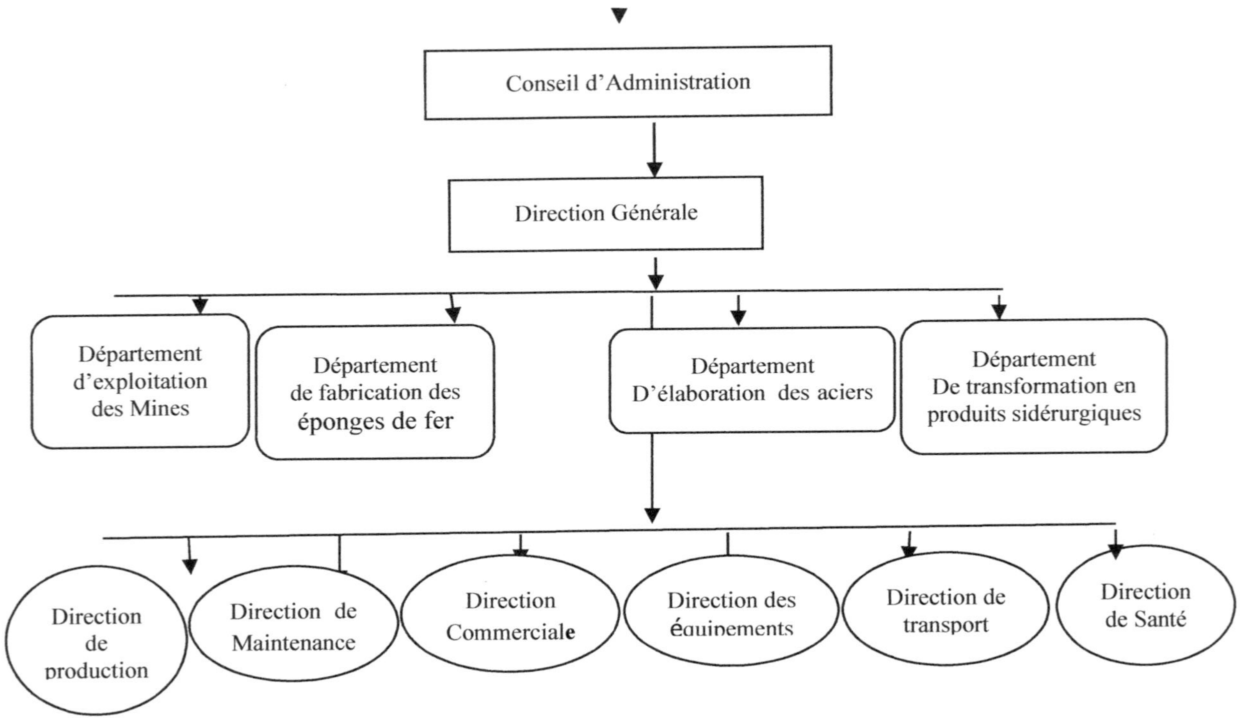

Figure 5.2. : Représentation schématique d'une structure d'une entreprise-groupe

De ce qui précède, nous pouvons remarquer que le schéma Entreprise-Groupe paraît lourd pour le développement de l'industrie sidérurgique en République Démocratique du Congo. La concentration verticale exige des moyens colossaux pour assurer le contrôle et le suivi des objectifs assignés à l'entreprise.

En dehors de la Sosider, nous pouvons évoquer les cas des autres firmes qui ne sont pas du domaine sidérurgique et qui ont fait l'expérience de la concentration verticale. Nous prenons le cas de l'entreprise Chanimétal où tous les ateliers sont reliés depuis la fonderie jusqu'au chantier naval. Ce modèle a montré à suffisance que le mauvais fonctionnement d'un compartiment comme le département d'approvisionnement peut bloquer la poursuite des opérations dans le système. La fonderie, le chantier naval et les autres ateliers ne pourront fonctionner au rythme de la demande exigée par les consommateurs. Ce qui va occasionner le ralentissement ou l'arrêt de la production et de l'entreprise.

Deuxième exemple est celui de la Générales de Carrières des Mines, la GECAMINES qui a fonctionné sous l'option Entreprise-Groupe pendant plusieurs années. Cette organisation a contribué au disfonctionnement de l'entreprise qui a éprouvées d'énormes difficultés dans son gestion. La Direction Générale unique était située à Lubumbashi et les différents départements de production de cuivre blister étaient éparpillés en plusieurs sites.

Ce qui exigeait un entretien régulier des infrastructures routières et ferroviaires pour assurer une bonne circulation des produits et maintenir un approvisionnement régulier des différents centres de production. Cette opération nécessite beaucoup de frais. Pour le fonctionnement de tous les sites et pour la modification d'une opération quelconque dans le processus de l'élaboration du cuivre blister, les instructions doivent venir du Centre de Recherche et Développement (R&O) qui est situé à Likasi.

Un autre exemple sur le méfait de l'éloignement des services et de l'option Entreprise-Groupe concerne certains pays étrangers comme la Belgique. En effet, la sidérurgie belge disposait des mines de charbon pour produire les combustibles à allouer au fonctionnement de Haut-Fourneau. La Belgique importait de l'Algérie des minerais de fer pour faire fonctionner sa sidérurgie. Toujours en Belgique, le métal liquide était produit dans un endroit éloigné, était enchemisé par les véhicules de la société vers les lieux se trouvant les fours de réchauffage et les poches de coulée.

Tous ces exemples confirment que l'option Entreprise-Groupe, qui était généralement utilisée, était caractérisée par l'éloignement des sites entrainant ainsi des moyens colossaux et une lourdeur dans le fonctionnement.

Le recours à ce schéma, par la République Démocratique du Congo, peut conduire à des résultats non satisfaisants pour l'industrie sidérurgique. Car, cette option exige une gestion très rationnelle avec des compétences diversifiées pour assurer un suivi permanent et sans faille en vue d'éviter le blocage dans la chaîne de production. Il faut veiller à ce que les ordres ne soient pas mal interprétés ou mal compris par les exécutants dans le processus de fonctionnement de la société.

Pour apporter quelques solutions aux différents problèmes posés par ce système, il faudra mettre en place une politique managériale conséquente pour améliorer la qualité de travail dans chaque département. Il faut également identifier les besoins réels de chaque partie de l'Entreprise-Groupe enfin d'assurer l'approvisionnement non discontinu dans la chaîne de production.

5.2.2. Avantages et inconvénients de l'option Entreprise-Groupe

L'option de l'Entreprise-Groupe, pour le développement du secteur sidérurgique en République Démocratique du Congo, ne détient pas seulement que des inconvénients. Elle a quelques avantages qui favorisent l'épanouissement industriel, lorsque le système est bien géré. La sidérurgie dans l'option Entreprise-Groupe est une superstructure qui présente des avantages et des inconvénients dans l'organisation de la chaîne de production et exige des hautes compétences dans la prise des décisions et dans la gestion afin de bien assurer le suivi et le rendement attendu.

L'avantage majeur de cette option réside dans la qualité du personnel qu'elle utilise. En effet, pour le bon fonctionnement d'une Entreprise-Groupe, il est opportun de recourir à des personnes très qualifiées, expérimentées et de divers domaines. Car la taille de l'entreprise ne permet pas d'utiliser les personnes non indiquées.

L'autre avantage consiste dans le fait que la direction unique dans l'option Entreprise–Groupe facilite la prise des décisions. Dans ce schéma, l'utilisation des sites éloignés est recommandée pour le fonctionnement de ces différents départements, directions ou services. Cette option a encore l'avantage de créer un nombre important d'emplois dans les domaines diversifiés. Concernant la production, la sidérurgie dans l'option Entreprise-Groupe a la vocation de donner un grand rendement.

Cependant, le contrôle et le suivi des décisions n'est pas toujours facile dans une superstructure. Car la taille de l'entreprise et l'éloignement des sites peuvent constituer des obstacles essentiels. L'interaction entre les entités est difficile à réaliser. On doit disposer des compétences aguerries pour l'exécution des décisions attachées à chaque unité de production. Il y a risque aussi que les instructions de la direction générale soient mal transmises ou mal comprises au niveau des services. Cette situation peut affecter la qualité du travail et de la production. L'implantation d'une institution de grande entreprise avec une direction unique pose réellement des problèmes de fonctionnement et de gestion.

Conclusion

Aucun pays ne peut prétendre à un développement intégral sans la sidérurgie. Tout est fonction du choix de l'option à prendre et des moyens à y investir. Il existe deux schémas principaux : le schéma Groupe d'Entreprises et celui d'Entreprise-Groupe. Chaque option présente des avantages et des inconvénients. Il est indiqué pour chaque pays de lever l'option avant de s'engager dans l'investissement pour le développement de l'industrie sidérurgique. Car le mauvais choix dans ce domaine précis entraine des conséquences néfastes dans le fonctionnement et dans le rendement.

Pour la République Démocratique du Congo, le schéma Groupe d'Entreprises est l'option indiquée pour l'implantation et l'expansion de la sidérurgie. Etant donné l'étendue vaste du territoire national, il est préférable d'installer plusieurs usines sidérurgiques éparpillées dans différentes provinces où la matière première c'est-à-dire les minerai de fer est disponible. Ceci a l'avantage de créer la concurrence qui va amener une amélioration de la qualité des produits et la baisse du coût. Cette concurrence va également contribuer au développement rapide de l'environnement économique et social.

La mise en place de l'option Groupe d'Entreprises présente plusieurs facilités dans ce sens qu'elle peut faire recours à des investissements divers.

En d'autres termes, il est plus aisé de mettre en place la chaine de production sidérurgique suivant le modèle Groupe d'Entreprises du fait que chaque firme constitue un investissement autonome. Contrairement au schéma Entreprise-Groupe dont la mise en place exige un investissement global.

Le fonctionnement et la gestion de la chaine de production dans le schéma Groupe d'Entreprises présente l'avantage de la souplesse, de l'efficacité, de la rapidité et de la rationalité. Tandis que l'option Entreprise-Groupe est caractérisée par une lourdeur due à la taille de l'institution. En d'autres termes, l'organisation Entreprise-Groupe est une superstructure qui est butée à une complexité dans sa gestion et dans son fonctionnement. Cependant, les deux structures ont recours à un personnel compétent, qualifié et diversifié ; et constituent de ce fait un pool de consommation des cadres formés dans nos différentes universités et instituts supérieurs du pays.

Concernant le rendement, l'option Groupe d'Entreprises est susceptible d'atteindre les objectifs assignés à la firme grâce à son mode de fonctionnement et de gestion. Malgré la direction unique qui facilite la prise de décisions dans le schéma Entreprise-Groupe, le rendement n'est toujours pas satisfaisant à cause des difficultés liées au contrôle et au suivi des décisions. La taille de l'entreprise et l'éloignement des sites constituent également des obstacles pour un rendement meilleur dans l'option Entreprise-Groupe.

L'épanouissement des différentes entités comprenant la chaine de production dans la structure Groupe d'Entreprises est envisageable ; étant donné la rationalité qui caractérise leur gestion. Il est généralement reconnu que les PME et les PMI ainsi que des industries qui bénéficient d'une bonne organisation ont plus de facilités d'être géré correctement et connaitre ainsi une croissance. Ceci n'est pas évident pour une entreprise de grande taille où il y a risque que les instructions de la Direction Générale soient mal comprises ou mal transmises et affecter ainsi la qualité de la production.

La concentration horizontale facilite la création des plusieurs Petites et Moyennes Industries (PMI) et des Petites et Moyennes Entreprises (PME), qui sont des moyens efficaces de création d'emplois. L'installation de l'industrie sidérurgique conformément au schéma Groupe d'Entreprises consiste à la mise en place de la chaine de production qui est constituée des industries, des PME et des PMI ainsi que des activités informelles génératrices des revenus.

Nous pensons que l'option groupe d'entreprises implantés dans les différentes provinces mérite d'être pris en considération par le pouvoir public de notre pays. Car, elle satisfait aux conditions de l'environnement de la République Démocratique du Congo où tous les paramètres sont réunis. Ainsi, nous recommandons cette option pour que le développement industriel harmonieux du secteur sidérurgique soit réel dans notre pays. Nous insistons sur le fait que l'implantation d'une industrie sidérurgie exige une certaine organisation pour réussir son insertion dans le système économique et social.

L'option Entreprise-Groupe ou concentration verticale n'est pas adapté pour l'expansion de l'industrie sidérurgique. Dans un passé non lointain, la République Démocratique du Congo a recouru à ce type d'organisation d'entreprise et les résultats n'ont pas été satisfaisants. Nous devons nous rappeler les échecs enregistrés par plusieurs entreprises qui ont opté dans leur organisation le schéma Entreprise-Groupe ; c'est le cas de la Gécamines, la SNCC, la SNEL, la REGIDESO, l'ex ONATRA et d'autres. En ce qui Concerne le développement du secteur sidérurgique, Cette option reste encore non envisageable.

Nous continuons à insister sur le fait que le schéma idéal pour l'essor de l'industrie sidérurgique, dans notre pays, demeure l'option Groupe d'Entreprises.

CHAPITRE 6
LES APPORTS DE LA SIDERURGIE SUR L'ECONOMIE, LE COMMERCE ET LE DEVELOPPEMENT SOCIAL

6.0. Introduction

Depuis 1953, BERTIEAUX avait fait une affirmation selon laquelle l'économie de l'Afrique Centrale ne pouvait se développer qu'en raison de l'importance des moyens à mettre en œuvre pour extraire, traiter et transporter les minerais puis les livrer aux marchés extérieurs. Ce schéma ne pouvait se réaliser que dans un système capitalisme à l'occidentale qui ignore le besoin et la demande locale. Cette situation a pour conséquence l'instabilité et l'extraversion des économies des pays de l'Afrique centrale, c'est le cas de la République Démocratique du Congo.

C'est pourquoi, il est nécessaire de mettre en place un système d'industrialisation intégrée afin d'assurer la création ou la multiplication des industries secondaires qui vont faciliter l'accroissement du marché intérieur et permettre la consolidation de notre économie. Un tel schéma présente et répond correctement à la préoccupation de notre vision qui est celle de voir la sidérurgie se développer dans un ensemble complet. Il est question de mettre en place une politique économique et minière capable de favoriser les investissements privés ou Etatiques dans l'exploitation des gisements des minerais de fer.

L'Etat Congolais peut tirer les dividendes considérables en termes des impôts, taxes et autres obligations provenant de ces investissements. Selon Fränkel, les capitaux à investir pour la mise en valeur des gisements des minerais de fer, dans le cas précis, ne seront pas seulement affectés à l'équipement mais ils doivent également participer au développement de l'environnement du site minier. Ils doivent aussi faciliter la création de ce que nous allons appeler industries secondaires, industries sociales et industries environnementales. Ceci va motiver la croissance intégrale de la société locale et du pays tout entier.

L'industrialisation plus particulièrement l'implantation des industries sidérurgiques est un investissement coûteux mais très bénéfique compte tenu des différents apports qu'elle amène sur l'économie, sur le commerce et sur la vie sociale.

6.1. Les apports Economiques

La puissance économique et industrielle d'un pays depuis la révolution industrielle se mesure par la puissance de sa sidérurgie. Car, la consommation d'acier par tête d'habitat constitue un critère, parmi tant d'autres, pour évaluer le degré de développement d'une nation. En effet, c'est à la fin du XVIIIe siècle que débute la révolution industrielle, d'abord en Grande-Bretagne puis en France suivi au début du 19e siècle par l'Allemagne et les Etats-Unis. Les autres pays ont suivi également cette révolution pour leur permettre de participer à l'essor mondial lié à l'expansion industrielle.

Depuis cette période, la demande de consommation en acier va sans cesse croissant, car il faut construire des infrastructures notamment des chemins de fer, des routes, des bâtiments, des ports,, des locomotives, des véhicules et des navires. Ces besoins ont exigé une production importante des produits sidérurgiques, principalement des tôles en acier qui ont dynamisé plusieurs ateliers de construction à travers les pays dit industrialisés.

Selon les chiffres de l'Institut International de Fer (IIFS) la production d'acier brut a atteint un nouveau sommet en 2013 évalué à 1,6 milliard de tonnes. La croissance de la production mondiale en 2013 a été de 3,9%. Elle a été de 6,2% entre 2000 et 2005 ; et s'est située autour de 4,1% entre 2005 et 2013.

Au classement des pays producteurs d'aciers, la Chine est pris pour leader dans ce secteur. A elle seul, sa production représente presque la moitié de la production mondiale évaluée à 779 millions de tonnes, suivi du Japon avec 110,6 millions, puis des Etats-Unis avec une production de 87 millions de tonnes (sa production est en décroissance actuellement), suivi de l'Inde avec 81,2 millions et de la Russie.

Parmi les principaux pays producteurs se trouvent aussi tous les pays industrialisés comme l'Allemagne, la France, la Corée du Sud et même la Belgique avec 7 millions de tonnes environ. En Afrique seuls deux pays sont à signaler parmi les principaux producteurs d'aciers. Il s'agit de l'Afrique du Sud avec 7,25 millions de tonnes et de l'Egypte qui produit 6,76 millions de tonnes.

Il est remarquable de constater, dans ce palmarès, que les pays BRICS notamment la Chine, l'Inde et la Russie, occupent de bon positionnement.

Pour entrer dans l'échiquier des pays producteurs d'aciers, la République Démocratique du Congo doit s'inspirer de l'exemple de la Chine. En effet, La République Populaire de Chine n'était pas un grand producteur d'acier. Avec la révolution industrielle, les autorités chinoises ont pris conscience de l'importance et de l'apport de la sidérurgie ; C'est ainsi qu'elles ont commencé à subventionner les privés chinois dans l'investissement des industries sidérurgiques. Ces financements par Pékin ont été faits de manière à créer une concurrence interne dans la production de l'acier. De cette concurrence est née la grande capacité de productivité de l'acier par la Chine ; répondant ainsi aux besoins intérieurs.

Pour permettre l'extension de ses différentes industries sidérurgiques, la Chine a mis en place une politique favorisant l'exportation des produits de son industrie de l'acier vers l'extérieur. Ceci a eu comme conséquence le développement considérable, ces dernières années, de la sidérurgie chinoise et la Chine continue à voir sa production augmentée progressivement.

A part la Chine, il y a aussi l'exemple du Japon qui, dans les années soixante, a financé l'investissement des industries sidérurgiques nationales telle que Hebei Steel Group et Nippon steel qui comptent aujourd'hui parmi les grandes sidérurgies mondiales. Nous pouvons aussi citer le cas de l'Inde avec Arcelor Mittal qui est une grande industrie de production d'acier au monde.

Nous pensons que la République Démocratique du Congo doit s'engager dans le financement des nombreux projets de création et d'expansion des usines sidérurgiques et doit accorder des facilitations pour l'installation de dites industries. Cette option est à encourager dans la mesure où elle va permettre de satisfaire aux besoins internes en acier et à long termes à exporter en commençant par les pays voisins. Elle permet également de créer des petites et moyennes entreprises (PME), ainsi que des petites et moyennes industries (PMI) qui sont à la base de la création des emplois. Les PME et les PMI sont des véritables monteurs de développement d'un pays.

L'option levée ci-haut n'exclue pas la recherche des capitaux extérieurs pour investir dans ce domaine précis. Il convient donc de mettre en place des mécanismes d'incitation pour engager les grands groupes multinationaux à investir dans les provinces regorgeant les gisements des minerais de fer en République Démocratique du Congo, comme la province Orientale, celle de Kasaï Occidentale, du Katanga et du Bas Congo.

En effet, la rentabilité de la sidérurgie dépend de sa capacité de production et celle de la consommation des produits sidérurgiques sur le marché intérieur et même sur base des échanges avec les pays étrangers.

Concernant la production, le facteur important que l'on constate ces dernières années, est relatif aux dimensions des machines installées dans les usines et de la capacité des équipements affectés à la production des produits sidérurgiques. Ces machines doivent être énormes pour justifier leur capacité de production. En effet, pour qu'une entreprise moderne soit rentable, elle doit avoir une capacité importante de production de l'ordre de plus des millions de tonnes d'acier-lingot ; et elle doit aussi disposer d'une capacité financière convenable. Cette capacité financière permettra à l'entreprise de monter toutes les stratégies possibles pour résoudre les problèmes attachés aux besoins locaux du marché.

L'échec de l'ancienne Société sidérurgique de Maluku s'explique non seulement par le manque des moyens financiers conséquents pour son fonctionnement, mais surtout par la faible capacité de production de ses machines qui était évaluée à 100.000 tonnes par an. Pour satisfaire à la demande intérieure en produits sidérurgiques dans notre pays, il faut installer plusieurs usines à forte capacité de production à travers le territoire national. Il faut ainsi observer la quantité énorme des produits sidérurgiques importés pour se rendre compte du besoin réel dans ce domaine précis.

On peut évaluer l'importation mensuelle des barres de fer par exemple à plusieurs milliers de tonnes uniquement pour la ville province de Kinshasa. La République Démocratique du Congo est un pays très vaste qui a connu non seulement des guerres et des rebellions, mais aussi un sérieux retard dans la construction, l'urbanisation et la modernisation de toutes les infrastructures.

L'apport économique de l'installation des industries sidérurgiques dans un pays est très considérable dans ce sens qu'il permet à l'Etat de conserver les devises qui étaient destinées à l'importation des produits sidérurgiques. En ce qui concerne notre pays, la production sidérurgique locale a pour effet immédiat : la disponibilité permanente sur le marché des différents matériels de construction, l'accès facile et à moindre coût. Du fait de la concurrence intérieure, nous allons assister à l'amélioration de la qualité des produits sidérurgiques. Nous insistons sur la nécessité de produire localement et en grande quantité les différents matériels de construction. Car l'importation des produits sidérurgiques affaiblit l'économie de notre pays étant donné que la consommation ou la demande interne est très importante et permanente.

La rationalité économique a toujours démontré qu'on ne peut produire que ce que l'on peut consommer ou ce que l'on peut transformer en ressources utilisables pour satisfaire d'autres besoins. Pour cela, et au regard du développement mondial, on ne peut pas se passer de la production industrielle de grande envergure. Car, c'est elle qui assure la quantité et la qualité pour rendre les économies concurrentielles dans la croissance.

Nous avons évoqué plus haut le fait que la rentabilité économique de la sidérurgie dépend aussi de la consommation des produits de celle-ci sur le marché intérieur. En effet, la République Démocratique du Congo est un grand chantier dans la construction et la modernisation des infrastructures dans tous les domaines. Notre pays constitue ainsi un vaste marché de consommation des matériels de construction. Pour répondre aux besoins intérieurs, il y a exigence d'une production industrielle mais aussi des moyens conséquents pour faciliter la circulation des matériels vers les lieux de consommation.

L'apport de la sidérurgie dans l'amélioration des infrastructures routières en vue de la circulation rapide et continue des biens et des personnes n'est plus à démontrer. En effet, il est reconnu que les bonnes infrastructures sont des éléments incontournables dans l'accroissement économique d'un pays. La République Démocratique du Congo a besoin des voies de communication de bonne qualité pour faciliter les échanges au niveau intérieur et renforcer l'économie. Quoi de plus normal que d'orienter les activités économiques susceptibles d'être diversifiées vers la voie de l'industrialisation qui aurait pour base la Sidérurgie.

Le choix de la stratégie du développement de la sidérurgie en République Démocratique du Congo va consolider l'économie de notre pays. Car nous sommes sans oublier que la Sidérurgie est une industrie industrialisante de l'amont jusqu'à l'aval. En d'autres termes, la sidérurgie a la capacité de créer des industries secondaires qui sont chargés de la transformation de ces Produits. Elle favorise également l'installation des diverses industries et cela dans plusieurs domaines renforçant ainsi notre économie.

Le développement de la sidérurgie va minimiser les coûts des produits sidérurgiques élaborés localement et maximiser les recettes. D'où la nécessité pour le pouvoir public de se pencher sérieusement à l'investissement dans le secteur sidérurgique dans notre pays. La production des éponges de fer peut également contribuer à relever notre économie. Car elles peuvent aussi être commercialisées dans les marchés intérieurs avant d'atteindre le stade de production de l'acier. En effet ; les éponges de fer facilitent la mise en nuance aisée des aciers et assurent le remplacement des ferrailles dans la production de ces derniers.

Ainsi, en initiant cette politique, la République Démocratique du Congo peut se placer, en bonne position parmi les grands pays producteurs des éponges de fer et des différentes nuances d'aciers de haute qualité à travers le monde. Nous devons signaler que d'autres études telles que le rapport IDZUMBUIR sur les activités de la Sosider, ont confirmé le choix de l'exploitation de minerais de fer local et de sa transformation en éponges de fer.

Nous faisons remarquer que la rentabilité de la sidérurgie dépend aussi des échanges avec les pays étrangers. Notre pays occupant une position stratégique en Afrique centrale peut, grâce à l'exportation des produits sidérurgiques vers ses neuf pays voisins, renforcer son économie par l'entrée des devises.

6.2. Les apports commerciaux

La demande apparente et la demande réelle pour l'acier sont restées généralement positives ces dernières années en dépits de quelques légers ralentissements au cours de cette période. La conjoncture économique demeure dynamique aux Etats–Unis, dans les pays BRICS et en Afrique. Elle est, cependant, restée m0orose en Europe. Il faut en tenir compte dans les échanges commerciaux.

Le marché de l'acier est dominé par les trois grandes multinationales du secteur à savoir Rio Tinto, BHP Billiton et Vale qui ont influencé le coût du minerai de fer allant jusqu'à 30% d'augmentation du prix habituel ces dernières années. Les nouvelles informations actuelles indiquent que les multinationales comme Rio Tinto et Vale sont intéressées par les mines de fer situées dans la province Orientale. Ces gisements contiennent de minerai de fer riche avec peu de gangue composée essentiellement de la silice (SiO_2). L'exploitation de ces gisements permet l'élaboration des aciers de haute qualité et de nuances diversifiées. Les produits sidérurgiques qui peuvent provenir de ces genres de minerai sont très compétitifs sur le marché international.

L'organisation du marché mondial des produits sidérurgiques est faite de telle sorte que les prix de base sont fixés par un organisme appelé LME. Le système LME fonctionne de telle manière que les prix fixés couvrent une période bien déterminée et cela à travers des contrats á long terme. Durant cette période, le prix ne peut connaître aucune modification quel que soit le changement intervenu sur le marché. Cette situation obligeait les négociants, en cas de besoin, de discuter dans l'informel les prix en tenant compte des éléments nouveaux qui venaient d'intervenir sur le marché.

Pour remédier à cette situation, les négociants ont préféré mettre en place un système de contrats trimestriels, qui a remplacé les anciens contrats annuels à prix fixes. Ce changement intervenu dans le système du marché international de produits sidérurgiques a introduit une flexibilité dans la négociation de prix avec pour conséquence un écart considérable entre les prix fixés par le contrat annuel et ceux de contrat trimestriel.

Les acteurs du secteur en République Démocratique du Congo doivent donc s'aligner sur la stratégie commerciale de ces grands groupes tout en essayant de privilégier l'écoulement de leur production en donnant la priorité à la demande nationale ou locale qui reste importante notamment dans le domaine de la construction des infrastructures et des logements. Ces deux secteurs, c'est-à-dire les Infrastructures et les bâtiments demandent des grandes consommations des différents types d'aciers et constituent à l'exemple de la Chine, une base solide pour l'expansion de cette industrie en République Démocratique du Congo et pour le progrès de son parc industriel.

En effet, notre pays a la vocation de jouer un rôle important dans le secteur sidérurgique étant donné l'importance des ressources en minerai de fer et surtout de notre position stratégique en Afrique centrale. Il est vrai que la situation actuelle de notre pays ne lui permet pas encore de peser sur le marché de produits sidérurgiques. Car le monde de la sidérurgie est un univers des grands enjeux régionaux et mondiaux. A l'instar de la Chine qui a pris du temps pour s'investir et organiser ses industries sidérurgiques en vue de répondre à la demande intérieure et pouvoir exporter ; la République Démocratique du Congo doit d'abord se consacrer à l'implantation des usines sidérurgiques à travers le pays pour satisfaire la demande intérieure. C'est seulement après avoir maîtrisé et organisé le marché intérieur en produits sidérurgiques que nous devons envisager d'exporter dans un premier temps vers nos pays voisins qui sont aussi des grands chantiers de construction et de modernisation. Cette stratégie a pour conséquence de faciliter les échanges des produits sidérurgiques au niveau intérieur et de diminuer les importations progressivement.

Le manque de production locale en produits sidérurgiques dans notre pays est un grand handicap dans le processus de modernisation et de reconstruction par le fait que tout doit venir de l'extérieur. Cette situation est inadmissible et doit interpeler tout un chacun en commençant par le pouvoir public. La commercialisation des produits sidérurgiques dans notre pays ne répond à aucune norme.

Nul n'ignore qu'une bonne partie de la production de l'industrie occidentale est écoulée dans les pays du Tiers – monde et en l'occurrence la République Démocratique du Congo. En effet, dans les pays dits Sous-développés, le contrôle de qualité n'est pas généralement de mise, c'est ce qui explique beaucoup de dégâts que l'on constate dans la construction des bâtiments, des infrastructures routières et ferroviaires, etc. Dans ces pays, les consommateurs sont livrés à leur triste sort.

Il faut ainsi prendre toutes les dispositions pour renforcer les différents contrôles de qualité à travers les institutions qualifiées comme l'Office Congolais de Contrôle, OCC en sigle afin d'assurer la qualité des produits avant leurs livraisons vers les consommateurs. Mais, l'idéal c'est de faciliter la production locale avec comme exigence l'amélioration de la qualité de produits sidérurgiques.

De ce qui précède, nous pouvons affirmer que notre commerce avec les pays du Nord permet d'enrichir ces derniers et d'appauvrir le Sud. Quoi de plus normal que de vouloir imaginer des stratégies ou des mécanismes qui peuvent inverser le rapport des forces ? Ainsi, l'approche commerciale devient incontournable pour l'évaluation des dividendes à tirer de toutes ces opérations de vente des produits sidérurgiques et d'autres.

La rentabilité des usines sidérurgiques est également dépendante des échanges au niveau du marché intérieur. Dans le cas d'espèce, l'industrie Sidérurgique locale peut conduire à ce qu'une bonne partie du flux commercial soit absorbée pour la production locale afin d'induire le développement du pays. La production locale doit répondre aux besoins réels.

Car la demande en produits sidérurgiques est toujours galopante actuellement en République Démocratique du Congo. Les nouvelles constructions qui poussent à travers le pays et plus particulièrement dans les grandes villes comme Kinshasa témoignent de la croissance des besoins en produits sidérurgiques.

La production locale est nécessaire pour réglementer les importations et la commercialisation de ces produits. Nous pouvons confirmer que la relance de la commercialisation des produits sidérurgiques locaux et l'implantation des usines secondaires permettront à notre pays d'organiser le commence de produits sidérurgiques dans le pays et dans la région de l'Afrique centre et sub – saharienne.

Cette option va permettre l'émergence de Petites et Moyennes Entreprises (PME) chargées de la commercialisation internes et aussi transfrontalières, lesquelles PME constituent des véritables moteurs de développement d'un pays. Nul n'ignore le rôle que les PME jouent pour résorber le chômage et pour contribuer à l'augmentation significative des recettes en vue de l'équilibre de la balance commerciale du pays. La création de ces entreprises apportera dans la société congolaise un plus dans le social de la population.

Il faut faire remarquer que la commercialisation de produits sidérurgiques entraine un mouvement de travail informel de masse qui émerge autour des différentes Petites et Moyennes Entreprises spécialisées à la vente de ces matériels. Nous pouvons citer à titre d'exemple dans notre pays les manœuvres qui s'occupent de chargement et de déchargement ainsi que les transporteurs par chariots communément appelés pousse-pousseurs. Ces différentes activités connexes liées à la vente et à l'achat des matériaux de construction sont des véritables sources de revenus pour des responsables de familles.

Les recettes provenant de la commercialisation peuvent aider à financer la création des nouvelles industries et engendrer des bénéfices économiques conséquents. L'aspect commercial est une donnée importante qui peut également servir à l'orientation du processus de développement de la nation. Nous ne devons pas oublier que la République Démocratique du Congo est entourée par neuf pays voisins qui sont tous engagés dans la reconstruction ; avec lesquels, on doit développer des relations commerciales intenses pour faciliter l'écoulement de nos produits sidérurgiques.

Les échanges avec les neuf pays voisins vont rehausser la balance commerciale et l'économie de notre pays. La position stratégique de la République Démocratique du Congo, située au centre du continent, au point stratégique en Afrique Centrale ; lui permet d'influencer le comportement des économies des pays voisins.

En plus de l'écoulement de la production d'acier sur le marché intérieur et extérieur actuellement en essor, il faudra sans doute à moyen terme développer des filières capables de fabriquer des produits finis ou demi-finis pour l'exportation. Cette opération fournira de devises à la trésorerie du pays et peut participer à l'épanouissement de tous les autres secteurs.

6.3. Les apports au développement Social

L'installation et l'exploitation des industries sidérurgiques apportent une modernisation de l'environnement dans ce sens qu'elles imposent une nouvelle organisation de la société. Cette organisation nouvelle de la communauté va entrainer le développement de plusieurs secteurs de la vie.

Les exploitations minières sont généralement localisées dans les régions à faible démographie. L'industrialisation des sites miniers va constituer des nouvelles cités modernes qui vont, à leur tour, provoquer un exode des populations des villages environnants et lointains. Cette réalité va créer des nouvelles structures sociales ou des microsociétés entrainant ainsi une intégration automatique entre les populations avec l'avantage d'endiguer le tribalisme et le régionalisme qui est considéré comme source de méfiance.

En effet, l'exploitation sidérurgique est à la base non seulement de la création des nouvelles agglomérations mais aussi de la construction des nouvelles infrastructures routières, de l'électrification de l'environnement, de la construction des nouveaux habitats pour le personnel, des centres hospitaliers, des écoles, des centres récréatifs, des centres commerciaux et du marchés. Comme on peut le constater dans les cités minières le niveau de vie est largement amélioré. D'où l'affirmation faite par Toussaint, (19..), selon laquelle l'attrait des cités minières et de la vie nouvelle poussent les populations à l'exode toujours plus fort.

Les industries sidérurgiques sont des véritables structures de consommation de la main d'œuvres diversifiées : on y trouve un personnel hautement qualifié, moyennement qualifié et d'autres encore sans aucune qualification. Pour résoudre le problème de chômage qui gangrène notre pays, l'exploitation des usines sidérurgiques constitue une voie par excellence. En plus du personnel utilisé dans la chaîne de production dans les usines, la sidérurgie, par l'apparition des nouvelles cités qu'elle entraine, crée les besoins de l'entretien des nouvelles infrastructures liées à son existence.

La chaîne de production sidérurgique telle que nous l'avons présenté au chapitre IV est composée des industries lourdes, des Petites et Moyennes industries et des Petites Moyennes Entreprises. Cette structure appelée Groupe d'Entreprises va au niveau de ces industries lourdes et de Petites et Moyennes Industries (PMI), constitués un débouché d'emplois pour les ingénieurs Civils et les ingénieurs techniciens. Dans cette chaîne de production, il y a plusieurs ateliers mécaniques et métalliques qui nécessitent un nombre important des techniciens et des ouvriers. L'entreprise chargée de la maintenance de matériels des différentes usines est autonome par rapport à celles-ci et exige aussi un personnel important et qualifié.

Pour la commercialisation des produits sidérurgiques, il existe des Petites et Moyennes Entreprises (PME) diversifiées et disséminées à travers la République qui sont spécialisées dans la vente des matériels de construction. Autour de ces PME ce sont développées les activités informelles et stables, génératrices des revenus. Tout ceci montre à quel point l'implantation et l'exploitation des usines sidérurgiques sur l'étendue du territoire national peuvent contribuer significativement à la création d'emplois.

Nous devons, reconnaître que les effets positifs de l'industrialisation sur la population sont manifestes. Il y a en premier lieu les infrastructures routières qui nécessitent un entretien régulier ; il y a aussi l'électrification et l'accès à l'eau potable. Nous pouvons également citer la modernisation de l'environnement. Pour maintenir toutes ces infrastructures en bonne état, il faut un personnel compétent, affecté à cette tâche.

Sous ces conditions, l'exploitation minière constitue un type d'activité industrielle par excellence. Ainsi, grâce aux ressources locales et à une structure sociale nouvellement créée près de gisements de minerai de fer, avec des sources d'énergie diversifiées et des voies de communication construites pour besoin de la cause; le développement social est possible dans notre pays et cela d'une manière équilibrée à travers les différentes provinces.

Nous pouvons nous inspirer des plusieurs situations dans le passé où l'exploitation minière a entrainé la croissance sociale et économique d'un milieu rural. C'est le cas de la société sidérurgique, Sosider en sigle, qui était installée à Maluku. En effet, l'installation de la Sosider a effectivement modernisé la Commune de Maluku par le fait de la construction des nouvelles infrastructures notamment une route asphaltée, une cité urbanisée, un hôpital, une école et un centre de formation pour le personnel. Il faut ajouter aussi l'électrification de la cité et l'accès à l'eau potable. La construction de l'habitat pour le personnel de toute catégorie a amené dans la commune de Maluku une autre mode de vie influençant ainsi la communauté locale et environnante.

L'arrivée de plusieurs familles un peu plus aisées sur le site a créé des nouveaux besoins et des activités commerciales permanentes telles que le marché. La conséquence immédiate de cette nouvelle réalité dans la cité a été l'exode des populations des villages vers les environs de la cité de la Sosider. Cette migration a facilité le mixage des populations en créant ainsi une vie sociale issue du brassage des différentes cultures. La présence de la Sosider à Maluku a influé positivement sur les services de l'Etat qui ont bénéficiés désormais des bonnes conditions de travail.

La République Démocratique du Congo a expérimentée d'autres cas similaires dans la province de Maniema avec la Sominki, la Miba au Kasaï Oriental et la Gécamines au Katanga. Dans chacun des cas, l'exploitation minière a contribué au développement social et économique de l'environnement où les industries sont implantées.

Au Maniema par exemple, la Sominki a modernisé la cité de Kalima qui a le statut aujourd'hui d'une ville. Nous devons faire remarquer que la Sominki avait construit une nouvelle cité avec des habitations modernes pour les travailleurs ; elle avait également construit des infrastructures hospitalières et écolières qui ont révolutionnées la vie dans la société. Contrairement à la situation où c'est l'Etat qui construit les infrastructures pour la création d'une ville, à Kalima au Maniema, c'est la Société Minière du Kivu qui a mis en place les infrastructures nécessaires qui ont permis à cette ancienne cité de devenir une ville.

Concernant la Miba, Mbuji Mayi était un village rural. L'Union Minière est venu effectuer une prospection minière dans ce village et elle a trouvé que le sous-sol de cette contré disposait des réserves importantes du diamant. Elle a décidé d'acheter toute la concession et chercher à l'exploiter. Cette exploitation a conduit à l'implantation des usines et à la construction des cités modernes pour les cadres et les ouvriers. Cette situation a créé une nouvelle classe sociale qui a attiré les habitants des villages environnants. Aujourd'hui Mbuji Mayi est devenu le chef-lieu de la province de Kasaï Oriental.

Pour ce qui est de la Gécamines au Katanga, tout le monde connait l'apport de cette société dans l'épanouissement de la ville de Lubumbashi en particulier et des autres coins de la province en général. Ici encore c'est autour de l'exploitation minière que la vie de la communauté s'est initialement organisée. Nous pouvons citer d'autres exemples pour illustrer l'impact des sociétés minières sur le développement communautaire à travers l'étendue du pays. Compte tenu de ce qui précède, nous pouvons affirmer que l'exploitation minière constitue un moyen efficace pour la croissance d'un pays si vaste comme la République Démocratique du Congo.

Conclusion

Les possibilités d'organiser une économie industrielle sont nombreuses en République Démocratique du Congo. Il est normal que l'on puisse orienter les activités économiques susceptibles d'être diversifiées vers la voie de l'industrialisation qui aurait pour base la Sidérurgie.

Le choix de la stratégie du développement de la sidérurgie en République Démocratique du Congo est un moyen efficace pour consolider notre économie. Car nous sommes sans oublier que la Sidérurgie est une industrie industrialisante de l'amont jusqu'à l'aval. L'implantation de l'industrie sidérurgique dans le schéma Groupe-Entreprises a un grand apport dans le domaine économique, commercial et social. En d'autres termes, la chaîne de production renferme en son sein des industries, des Petites et Moyennes industries (PMI), des Petites et Moyennes entreprises (PME) et même des activités informelles stables et génératrices des revenus. Nul n'ignore le rôle que jouent les PME et PMI dans la mise en place de la classe moyenne indispensable pour le développement économique et la création d'emplois dans un pays.

La production sidérurgique locale contribue à minimiser les coûts des matériels de construction et à maximiser les recettes de l'Etat. Car l'importation des produits sidérurgiques affaiblit l'économie du pays étant donné que la demande intérieure est très importante. Ainsi, le pouvoir public doit se pencher au problème du développement du secteur sidérurgique. La production des éponges de fer contribue également à relever l'économie du pays parce qu'elles peuvent être commercialisés avant d'atteindre le stade de production de l'acier. Les éponges de fer facilitent la mise en nuance aisée des aciers. Ainsi notre pays peut se placer au rang de grands producteurs des éponges de fer et des différents aciers de haute qualité.

En plus, l'option d'investir dans la sidérurgie à travers le pays aura pour conséquence logique la modernisation du territoire national du fait que l'implantation des industries sidérurgiques s'accompagnent toujours de la construction ou de l'amélioration des infrastructures routières, des nouvelles cités, des hôpitaux, des écoles, etc. Bref, l'exploitation minière amène un nouveau mode de vie en révolutionnant l'environnement tout autour du lieu de son implantation.

Pour un pays si vaste comme la République Démocratique du Congo, l'option de la sidérurgie comme moyen de développement est judicieux. Ce choix, pour être efficace, doit être lié à une bonne structuration de l'entreprise en vue de faciliter une souplesse dans la gestion et dans le fonctionnement de la chaîne de production. Car les échecs du passé dans le domaine minier étaient liés en partie à l'organisation des différentes entreprises minières.

Nous insistons sur le fait que la sidérurgie est un domaine très rentable et efficace pour le développement économique, commercial et social. Nous faisons appel à la conscience de l'élite et du pouvoir public de notre pays pour qu'un investissement conséquent soit mis dans ce domaine précis. La République Démocratique du Congo ne peut pas atteindre les objectifs de modernité et de la croissance en continuant à importer tous les produits sidérurgiques dont il a besoin. Elle ne peut pas non plus résoudre le problème du chômage en négligeant ou en ayant peur de mettre les moyens suffisants pour installer les usines sidérurgiques à travers le pays.

L'essor des industries sidérurgiques en amont comme en aval est susceptible de favoriser la mise en place des nouvelles industries, qui par voie de conséquence, vont permettre la création des emplois et améliorer ainsi le mode de vie dans la société. La sidérurgie exige non seulement un personnel compétent mais facilite aussi le recrutement de la main d'œuvre locale, même non qualifiée, nécessaire pour les chantiers attachés aux gisements de minerai de fer.

Signalons que les exploitations minières sont généralement localisées dans les régions à faible démographie et affectent le mode de vie de populations. La nouvelle réalité ainsi créée constitue une base pour l'émergence d'une microsociété issue de l'exode des populations des villages environnants vers les cités minières. Le recrutement de la main d'œuvre nécessaire sur les chantiers va favoriser une intégration automatique entre les populations avec l'avantage d'endiguer le tribalisme et le régionalisme, source de méfiance.

Les besoins internes en produits sidérurgiques exigent une grande capacité de production locale ; notre option d'implanter les industries sidérurgiques dans les provinces où l'on trouve les minerais de fer est non seulement défendable mais réalisable compte tenu de la demande de plus en plus croissante et aussi du fait que la République Démocratique du Congo a la vocation d'exporter ses produits vers les pays voisins. La commercialisation des produits sidérurgiques est un atout majeur dans le renforcement de l'économie nationale ; parce qu'elle contribue à la consolidation des échanges et de la classe moyenne. L'Etat congolais a l'obligation de maîtriser le secteur de la sidérurgie si nous voulons apporter un développement durable dans notre pays.

Nous devons nous inspirer de l'exemple de la Chine qui a procédé à la concentration et à la consolidation de son secteur sidérurgique ; ce qui a fait que l'industrie chinoise puisse connaître une expansion considérable allant jusqu'à couvrir les besoins internes et parvenir à une exportation à travers le monde.

La République Démocratique du Congo doit donc s'aligner sur la stratégie commerciale de grands groupes comme Rio Tinto et Vale pour le marché international tout en essayant de privilégier l'écoulement de sa production en donnant la priorité à la demande locale qui demeure importante notamment dans le domaine de la construction des infrastructures et des logements. Ces deux secteurs, infrastructures et bâtiments, consomment énormément les différents types d'aciers et doivent constituer, à l'exemple de la Chine, une base solide pour l'expansion de cette industrie.

Pour le développement de la sidérurgie dans notre pays, nous proposons qu'en plus des investissements purement congolais, que l'on puisse aussi recourir aux partenaires extérieurs.

CHAPITRE 7

L'IMPACT DES DIFFERENTES OPTIONS SUR LE DEVELOPPEMENT DURABLE

7.0. Introduction

L'implantation d'une industrie sidérurgique donne un stimulus dans le processus d'épanouissement d'une nation. La sidérurgie étant une industrie industrialisante, elle facilite l'intégration des populations dans le système d'organisation économique et sociale ainsi que l'amélioration des conditions de vie dans la société.

Nous avons proposé plus haut plusieurs options importantes susceptibles de concrétiser le choix de la sidérurgie comme base de développement durable dans un pays si vaste et doté des ressources considérables de minerais de fer et autres tel que la République Démocratique du Congo. La réalisation de ces différentes options a un impact réel, concret et considérable dans la vie sociale des populations à travers tout le pays. En effet, la stratégie consistant à développer l'industrie sidérurgique est très efficace pour sa rentabilité et son apport dans l'économie et dans la croissance d'un pays. Cette option a l'avantage de faciliter l'émergence d'une nation et la modernisation des différentes entités qui composent celle-ci.

La stratégie d'organisation de la sidérurgie en Groupe d'Entreprises est aussi capitale dans la mesure où elle procède à la création des industries, des Petites et Moyennes Entreprises (PME), des Petites et Moyennes Industries (PMI) ainsi que des activités informelles stables génératrices des revenus. L'impact de cette option est indiscutable dans le processus de création d'emplois et d'amélioration de niveau de vie de la population.

La stratégie d'implanter les industries sidérurgiques à travers le pays est, quant à elle, couteuse mais indispensable pour la modernisation et l'épanouissement des zones rurales. Cette option présente la particularité de faciliter le développement de l'environnement de sites miniers par conséquent de l'arrière-pays d'autant plus que l'exploitation minière se fait généralement dans des milieux ruraux.

Le choix de la sidérurgie comme une industrie industrialisante constitue également une option en faveur de l'industrialisation globale dans la mesure où elle permet l'implantation des diverses industries dans plusieurs domaines de la vie sociale. L'installation de nouvelles usines se font, au fur et à mesure, en tenant compte de l'évolution de besoins de la communauté.

Il y a en plus l'option de l'implication de l'Etat dans l'investissement pour la création des entreprises sidérurgiques et le recours aux capitaux extérieurs qui doivent permettre l'émergence d'une concurrence en vue de l'amélioration de la qualité des produits sidérurgiques et surtout de la réduction de coûts sur le marché interne.

L'option de la diversification des sources de production de l'énergie résout non seulement le problème de l'électrification du territoire national mais favorise surtout l'extension de l'industrie en général et de la sidérurgie en particulier. Cette option est la mieux indiquée pour la transformation de l'immense potentialité des sources d'énergie en énergie électrique.

7.1. L'impact du choix de la sidérurgie comme base de développement

L'impact de la sidérurgie dans divers domaines de la vie de la société n'est plus à démontrer ; car les produits sidérurgiques sont indispensables dans toutes sortes des travaux ou des réalisations visant l'amélioration de l'environnement social. Le changement qui découle de l'implantation des industries sidérurgiques affecte l'éducation, la santé, l'agriculture, l'infrastructure, l'environnement et le mode de vie sociale.

Concernant l'éducation, l'installation de l'industrie sidérurgique amène une amélioration des conditions de scolarité dans les cités minières et influe positivement sur le mode d'organisation de l'enseignement dans les milieux environnants. Désormais, la jeunesse a un modèle de vie ou de société qui peut l'inspirer et l'entrainer à fournir un peu plus d'efforts en se livrant aux études et non plus à chercher la facilité comme c'est le cas dans les grands centres urbains et dans les zones d'exploitation minière artisanales.

Pour expliciter notre pensée, il n'est pas question pour nous de conditionner l'émergence par l'éducation obligatoire ; mais plutôt d'insister sur le rôle de l'instruction dans le progrès et l'épanouissement d'une société. A ces jours la jeunesse soufre d'un manque criant de modèle de société ou simplement de vision pouvant la stimuler à aller plus loin et à faire mieux. Nous pensons ainsi que les cités minières constituent valablement l'une des modèles de société que nous pouvons présenter à notre jeunesse. Il existe évidemment d'autres modèles qui peuvent évoluer parallèlement à celle que nous proposons ; car dans une communauté on distingue plusieurs catégories d'individus ayant chacun des capacités innées pour accomplir une tâche donnée.

L'avantage du modèle de société que nous présentons, à travers l'implantation des industries sidérurgiques et par conséquent par les cités minières, réside dans le fait que toutes les couches de la population trouvent leur place parce que la sidérurgie intéresse les ingénieurs, les techniciens, les non qualifiés et les manœuvres. En d'autres termes la jeunesse, quel que soit son niveau d'instruction peut être utile dans la communauté.

Concernant la santé, l'installation de l'industrie sidérurgique apporte une amélioration significative du système de santé par la construction soit des centres de santé ou des centres hospitaliers. En effet, dans la mise en place des cités minières, il est toujours prévu l'installation d'un nouveau complexe hospitalier accessible aux habitants de la cité minière et à ceux des milieux environnants. L'impact de la sidérurgie au niveau sanitaire consiste aussi dans le changement des mentalités de la population qui, désormais, peut recourir à la médecine moderne au lieu de l'automédication.

La présence des usines sidérurgiques et des cités minières entrainent un exode de la population des villages environnants avec pour conséquence la surpopulation. Cette situation nouvelle créée des problèmes de santé ; d'où la nécessité d'une prise en charge médicale par la mise en place des centres de santé secondaires.

En ce qui concerne l'agriculture, la surpopulation constatée autour des cités minières créée des nouveaux besoins dans les domaines de l'alimentation et de la consommation. Pour subvenir aux besoins alimentaires, la capacité de la production agricole doit évoluer vers la hausse. La République Démocratique du Congo est un pays à vocation agricole compte tenu de son climat et de sa population. La présence des industries sidérurgiques à travers le pays est un moyen pour stimuler le progrès du secteur agricole.

L'avantage dans ce cas consiste dans le fait que l'agriculteur peut écouler ses produits dans un marché plus rapproché. Il est possible aussi de s'engager dans une agriculture industrielle grâce à l'existence des cités minières étant donné que la population ayant un pouvoir d'achat conséquent est capable également de consommer. Pour faciliter l'évacuation des produits agricoles vers les lieux de consommation, les routes de desserte agricole doivent être entretenues d'une manière permanente.

L'acier produit par les industries sidérurgiques permet d'améliorer l'outil de travail des agriculteurs. En effet, les industries secondaires attachées à la sidérurgie produisent les matériels tels que les manchettes, les houes, les bêches et les râteaux qui sont les véritables outils de travail pour les agriculteurs en Afrique. Car personne n'ignore les difficultés qu'éprouvent les villageois pour obtenir ces matériels de travail. L'implantation des usines sidérurgiques permet ainsi à l'agriculteur d'avoir un accès facile à l'outil de travail de qualité et à moindre coût.

A propos des infrastructures, nous pouvons faire remarquer que l'implantation des industries sidérurgiques entraine la modernisation dans les milieux ruraux où elles sont généralement installées. Cette modernisation se manifeste par la construction de plusieurs routes asphaltées d'intérêt général, par l'électrification, par la fourniture d'eau potable et par la construction des bâtiments et complexes destinés à la scolarisation, des centres commerciaux, des centres hospitaliers, etc.

D'une manière ou d'une autre les différentes infrastructures qui sont liées à l'installation des industries sidérurgiques, dans un milieu donné, influence positivement les mentalités et les modes de vie de populations. Pour une nation comme la République Démocratique du Congo, l'implantation des usines sidérurgiques est une option qui peut faciliter la modernisation équilibrée des différentes provinces ; car elle apporte la civilisation dans les milieux ruraux qui sont souvent oubliés dans les programmes de développement de nos pays africains.

Etant donné la densité hydrographique de la République Démocratique du Congo, le nouvel environnement résultant de la mise en place des industries sidérurgiques et des cités minières va nécessiter la construction des ponts pour assurer le déplacement de produits du lieu de production vers les lieux de transformation ainsi que ceux de commercialisation. La construction des nouvelles infrastructures notamment les routes et les ponts exigent des entretiens réguliers qui ne peuvent être assuré sans les produits sidérurgiques ; d'où l'importance d'investir dans le secteur.

Les industries sidérurgiques affectent également l'environnement parce qu'elle favorise une prise de conscience individuelle et collective sur la nécessité d'entretenir et de maintenir le milieu sain.

7.2. L'impact de l'organisation de la sidérurgie en Groupe d'Entreprises

L'option de l'organisation de la sidérurgie en groupe d'Entreprises a un impact significatif dans la mise en place d'une classe moyenne, dans la consommation de la main d'œuvre locale et dans le développement de la formation et de l'apprentissage.

En effet, la rentabilité et l'efficacité de l'industrie sidérurgique est aussi fonction de sa structuration et de sa gestion. Nous rappelons que l'organisation de la sidérurgie en Groupe d'Entreprises consiste à la création d'une chaîne de production comprenant les industries, les PME, les PMI ainsi que des activités informelles mais stables génératrices des revenus. L'option Groupe d'Entreprises favorise la mise en place effective d'une classe moyenne indispensable pour la création d'emploi.

Concernant l'émergence de la classe moyenne, la sidérurgie organisée en Groupe d'Entreprises est un véritable moteur pour le développement de Petites et Moyennes Entreprises et Petites et Moyennes Industries, base réelle d'un essor économique et social. Les aciers produits par la sidérurgie constituent une matière première qui peut être transformée de diverses manières et faire l'objet des entreprises autonomes.
En d'autres termes, à partir des aciers on peut créer plusieurs petites et moyennes industries ayant comme objet principal la transformation de l'acier en différents produits sidérurgiques. Pour être plus concret, une seule usine sidérurgique peut permettre la création des petites et moyennes industries suivantes :

- Petite et Moyenne industrie consacrée à la fabrication de cuillères, fourchettes, couteaux et autres de la catégorie ;
- Petites et Moyennes industries consacrée à la fabrication de casseroles ;

- Petites et Moyennes industries pour la fabrication de marmites ;
- Petites et Moyennes industries pour la fabrication de bêches, houes, manchettes, râteaux, coupe-coupe, etc… ;
- Petites et Moyennes industries consacrées à la fabrication des tuyauteries ;
- Petites et Moyennes industries consacrées à la fabrication des clous ;
- Petites et Moyennes industries pour la production des tôles ;
- Petites et Moyennes industries ou laminoir pour la production des barres de fer et des cornières ;
- Petites et Moyennes industries pour la fabrication des aiguilles et des lames de rasoirs ;
- Petites et Moyennes industries consacrées à la fabrication des vélos et des motocyclettes ;
- Petites et Moyennes industries pour la production de fils servant à la fabrication de treillis et autres ;
- Petites et Moyennes industries de fabrication des rails de chemin de fer ;
- etc… .

A partir des différents produits sidérurgiques provenant de Petites et Moyennes Industries (PMI), on peut mettre en place plusieurs Petites et Moyennes Entreprises (PME) à savoir : les ateliers métalliques, les ateliers mécaniques, les ateliers forge et des magasins de commercialisation.

Un atelier métallique est une petite et moyenne entreprise spécialisée dans la fabrication des objets à partir des produits sidérurgiques. On peut ainsi avoir plusieurs ateliers notamment :

- Atelier pour la fabrication des portes, fenêtres, antivols, carrosseries, lits et berceaux métalliques, etc… ;

- Atelier pour la fabrication des wagons, des fûts, des brouettes et autres ;
- Atelier pour la fabrication de bateaux et accessoires ainsi que les bacs ;
- etc … .

Un atelier mécanique est également une petite et moyenne entreprise destinée à l'exploitation des produits sidérurgiques pour la production des engins mécaniques. On peut distinguer dans cette catégorie plusieurs types d'atelier à savoir :

- Atelier pour la fabrication des motopompes, les hydroliennes et autres ;
- Atelier pour la fabrication de groupes électrogènes et accessoires ;
- Atelier pour la fabrication des moulins (manioc, maïs et feuilles de manioc) ;
- etc… .

Un atelier forge est, quant à lui, une petite et moyenne entreprise destinée à la fabrication de toutes sortes de fours à partir de certains produits sidérurgiques.

Les différents ateliers présentés ci-haut c'est-à-dire les ateliers métalliques, mécaniques et forges peuvent être mise en place en nombre non limité et suivant les besoins de la communauté. A côté de ces ateliers, il faut signaler la nécessité de la création des plusieurs Petites et Moyennes Entreprises chargées de la commercialisation des produits sidérurgiques, des objets et des engins. Autour de ces maisons de commerce des produits sidérurgiques se développent généralement des activités informelles qui génèrent des revenus telles que les manœuvres qui font le chargement et le déchargement ainsi que les transporteurs appelés pousse-pousseurs.

Comme nous venons de le constater, la sidérurgie favorise l'émergence d'une véritable classe moyenne par la création des diverses Petites et Moyenne Industries (PMI) et Petites et Moyennes Entreprises (PME) ; lesquelles entreprises ont besoin d'une main d'œuvre qualifiée et moins qualifiée disponible localement. Nous faisons remarquer que cette main d'œuvre locale doit être formée d'où l'importance des écoles de métiers.

L'impact de la sidérurgie à ce niveau va consister à la promotion des écoles techniques et professionnelles ainsi que celles d'apprentissage professionnel. La présence de ces structures de formation et d'apprentissage et l'existence des débouchées sur place vont contribuer à résorber le chômage et diminuer les phénomènes de l'oisiveté, de la délinquance juvénile et de l'exode rural.

7.3. L'impact de l'implantation des industries sidérurgiques à travers le pays

L'option d'implanter les usines sidérurgiques à travers le pays plus précisément dans les provinces où l'on trouve les minerais de fer est très déterminante si l'on veut parvenir à la modernisation et à la croissance de la République Démocratique du Congo. Selon les estimations, toutes les provinces de notre pays détiennent des réserves importantes de minerais de fer, élément essentiel pour l'installation d'une sidérurgie. Néanmoins, les études menées jusqu'à ce jour ont certifiées l'existence de minerais de fer dans la province Orientale, dans le Kasaï Occidental, dans le Bas-Congo et dans le Katanga.

Il est également certifié que le lac Albert contient de gaz naturel provenant de gisement de pétrole ; et que le lac Kivu détient aussi le gaz méthane. Ce type de gaz peut être exploité pour la fabrication des éponges de fer, éléments indispensables pour une industrie sidérurgique. Dans la province du Bas-Congo, l'exploitation pétrolière qui se fait dans la ville de Moanda est accompagnée d'un gaspillage du gaz naturel contenu dans le gisement de pétrole que l'on brule alors qu'il pouvait servir dans la fabrication des éponges de fer.

Nous insistons sur le fait que l'implantation de la sidérurgie exige une disponibilité permanente de l'énergie électrique. La République Démocratique du Congo dispose de plusieurs ressources naturelles pouvant permettre de produire de l'électricité dans chaque province à moindre coût et ne plus se concentrer uniquement sur le barrage d'Inga.

Compte tenu de ce qui précède, la mise en place des industries sidérurgiques à travers le pays est une option faisable et possible. L'impact de cette stratégie réside dans la modernisation et l'épanouissement des milieux environnants des cités minières et aussi de toutes les provinces de la République. En effet, la sidérurgie est l'une des moyens pouvant permettre la transformation des ressources naturelles en richesses réelles. L'installation des usines sidérurgiques à travers le pays est une option viable parce qu'elle va favoriser la croissance par la création d'emplois.

Nous devons rappeler que l'exploitation minière telle qu'elle a été faite dans notre pays jusqu'à ce jour n'a pas contribué à l'épanouissement de la population et de l'environnement. Cette situation s'explique par le fait qu'on se limite uniquement à l'exploitation des minerais, alors que tout le processus de transformation et de valorisation se fait ailleurs. Raison pour laquelle, on constate une extrême pauvreté de la population dans les zones minières ; car la distribution des richesses qui devrait provenir du travail n'est pas équitable.

La sidérurgie peut bien remédier à cette situation par le fait que l'exploitation de minerais de fer, la transformation et la valorisation vont se faire dans la chaine de production. L'avantage de cette option réside dans la participation réelle de la population au processus d'exploitation, de transformation, de valorisation, de commercialisation et même de consommation des produits élaborés. Cette manière de procéder apporte la croissance dans l'économie et l'épanouissement de la communauté par l'utilisation de la main d'œuvre locale.

Comme nous l'avons fait remarquer dans le point précédent, la sidérurgie est un moteur de création de la classe moyenne et de l'emploi ; par conséquent elle est une source qui favorise la distribution des richesses par l'octroi des revenus à une grande partie de la population dans les grands centres urbains tout comme dans les milieux ruraux.

L'épanouissement et le progrès des différentes provinces sont envisageables par l'implantation des industries sidérurgiques dans les entités ayant les minerais de fer. Etant donné que la plupart des provinces de notre pays sont réputées avoir les minerais de fer, il est donc évident d'envisager le développement durable de la République Démocratique du Congo par l'installation des usines sidérurgiques. Car l'Etat a l'obligation de transformer les ressources naturelles en richesses et assurer la distribution équitable au sein de la communauté par la création d'emplois et des activités génératrices des revenus.

Le modèle de société que nous présentons à la nation dans cet ouvrage a déjà été expérimenté sous d'autres cieux et dans notre pays avec succès. Il y a eu certes, quelques failles dans la gestion et dans l'organisation, mais il ne reste pas moins réel que le développement durable d'un pays vaste comme la République Démocratique du Congo passe par des projets ambitieux comme ceux ayant train à l'implantation des industries sidérurgiques à travers les différentes provinces détenant les minerais de fer.

L'impact de ce projet sur l'épanouissement de la population, sur la croissance de l'économie, sur le développement de la communauté et sur la modernité des infrastructures est concret. Pour preuve, l'exploitation minière à Kalima dans le Maniema par la société SOMINKI avait révolutionné l'environnement du site minier et la vie de la population. Nous pouvons encore citer le cas de la GECAMINES dont l'impact avait touché tous les domaines de la vie sociale non seulement à Lubumbashi mais aussi dans les villes environnantes.

Or, jusqu'à ce jour le Katanga s'est limité dans l'exploitation des métaux non ferreux c'est-à-dire le cuivre, le cobalt, le manganèse, l'étain et l'uranium. A Est du pays, la société KILO-MOTO s'est spécialisée dans l'exploitation de l'Or ; tandis que dans le Kasaï Oriental, la société minière de Bakwanga (MIBA) s'occupe de l'extraction de diamant. Dans l'informel, l'Est de notre pays est livré à une exploitation frauduleuse du Coltan. L'exploitation des minerais de fer n'a eu lieu que timidement dans le Katanga. Le cas de la société sidérurgique de Maluku, SOSIDER, est un mauvais exemple dans le domaine de la sidérurgie ; car cette société n'a produit que pendant deux ans.

Notre vision est totalement différente de celle de la Sosider par le fait que nous proposons l'exploitation des minerais de fer pour l'obtention des éponges de fer qui constituent la matière première pour l'élaboration des aciers ; alors que la société sidérurgique de Maluku avait opté pour la technique d'utilisation des ferrailles comme matière première. Nous pensons donc que l'implantation de la sidérurgie à travers le pays est très bénéfique pour le développement et la modernisation de toutes les provinces.

7.4. L'impact de la sidérurgie comme industrie industrialisante

La République Démocratique du Congo est un pays vaste qui aspire à devenir un pays émergent ; d'où la nécessité d'avoir une vision claire pour arriver à son industrialisation. La sidérurgie est l'une des stratégies susceptible d'entrainer une implantation des industries dans les domaines diversifiés en tenant compte des besoins de la société.

D'une manière générale, la République Démocratique du Congo souffre d'une insuffisance criante des industries dans plusieurs provinces. Cette situation pénalise sérieusement l'économie et le développement du fait que les multiples potentialités que regorge le pays ne peuvent être transformées en richesse et contribuer efficacement au budget de l'Etat. D'où le contraste d'avoir un pays potentiellement très riche avec une population très pauvre et un budget insignifiant.

Pour remédier à cette réalité néfaste, l'industrialisation est une voie obligée ; nous pensons que l'investissement dans le secteur de l'industrie sidérurgique peut amener effectivement un élément supplémentaire pour assurer la croissance économique et sociale. En effet, la sidérurgie est une industrie industrialisante ; car elle a un impact concret sur l'installation des industries dans plusieurs secteurs notamment dans l'agriculture, l'alimentation, la santé et l'éducation.

L'organisation de la sidérurgie en Groupe d'Entreprises, telle que nous le proposons, facilite non seulement la mise en place des Petites et Moyennes Entreprises et Petites et Moyennes Industries mais surtout la création d'emplois avec pour conséquence directe la répartition des richesses à travers l'octroi des revenus à la population. L'impact de la sidérurgie sur le vécu quotidien de la population est significatif grâce à l'amélioration du pouvoir d'achat et du niveau de consommation.

Le déplacement de la population vers les sites d'exploitation minière apporte un plus dans la formation des micro-civilisations par le brassage des plusieurs cultures autour de l'environnement des mines. Le mixage provoqué par l'exode des populations vers les lieux où l'on exploite les minerais de fer favorise des échanges commerciaux et crée des nouveaux besoins. La création des microsociétés conduit à l'amélioration des niveaux de vie de la population qui peut désormais bénéficier des plusieurs facilités occasionnées par la mise en place de la sidérurgie.

Il faut faire rappeler que l'implantation des industries sidérurgiques est toujours accompagnée de l'amélioration des infrastructures routières, de la fourniture d'eau et de l'électricité qui sont parmi les préalables pour l'industrialisation. L'affluence des populations de diverses cultures vers les centres miniers contribue à l'épanouissement de l'environnement et crée des opportunités pour les investisseurs. L'industrie sidérurgique constitue ainsi une industrie qui favorise l'installation des plusieurs industries dans tous les domaines en vue de satisfaire aux nouvelles réalités de la société.

Pour être plus explicite, nous allons présenter ci-dessous quelques cas où l'industrie sidérurgique peut entrainer l'industrialisation de l'agriculture, de l'alimentation, de la santé et de l'éducation.

Concernant l'agriculture, l'environnement dans les cités minières et ses environs exigent l'introduction des méthodes industrielles pour faire la culture à grande échelle en vue de répondre aux besoins internes des nouvelles agglomérations créées et si possible, procéder aux échanges avec d'autres provinces ou exporter vers les pays voisins. Certains produits agricoles doivent passer par la transformation avant d'être mis sur le marché. C'est le cas des produits comme le maïs, le riz, le canne à sucre, les noix de palme, le manioc, l'arachide, le coton, etc… .

La transformation de tous ces produits agricoles cités ci-haut nécessite l'installation des industries appropriées. En effet, dans un passé récent, la République Démocratique du Congo disposait des usines de rizeries, des usines de fabrication des huiles de palme, de savonneries, des usines de fabrication de sucre, de transformation de maïs en farine, des usines d'exploitation de coton pour la fabrication de tissus ainsi que des usines de fabrication de l'huile à partir d'arachides. Toutes ces industries étaient disséminées à travers les provinces. Il est possible encore aujourd'hui d'envisager la réhabilitation et l'implantation de toutes ces industries pour réduire la dépendance extérieure dont le pays connait dans le domaine de l'alimentation.

Les industries sidérurgiques peuvent également contribuer significativement dans l'industrialisation des domaines de la santé et de l'éducation. Pour satisfaire la demande en produits pharmaceutiques, l'installation des usines de fabrication des médicaments doit être envisagée. Il n'est pas admissible que dans plusieurs provinces du pays, on soit dépendant de la ville de Kinshasa ou des pays voisins pour l'approvisionnement en produits pharmaceutiques.

Du côté de l'éducation, l'émergence de la classe moyenne, grâce à la sidérurgie, amène les besoins de formations et d'apprentissage et améliore le taux de scolarité des enfants avec pour conséquence immédiate l'augmentation de la demande de objets classiques et tout autre matériel didactique. D'où l'importance d'installer des industries pour la fabrication des fournitures scolaires et autres.

Comme on peut le constater, l'implantation des industries sidérurgiques à travers les provinces de notre pays est une stratégie efficace pour favoriser l'industrialisation équilibré et équitable de l'étendue nationale. Cette option a l'avantage d'utiliser la main d'œuvre locale et permettre ainsi la distribution des richesses par l'octroi des revenus aux populations. Il y a aussi le fait que nos diverses potentialités peuvent également être transformées en richesses réelles pour donner à l'Etat les moyens nécessaires pour poursuivre les projets d'industrialisation totale de notre pays.

7.5. L'impact de l'implication de l'Etat dans l'investissement des industries sidérurgiques

Le développement de la sidérurgie est une stratégie importante pour atteindre la croissance, l'épanouissement, l'émergence, la modernité ainsi que la répartition des richesses dans notre pays ; en d'autres termes la sidérurgie a un impact global sur la vie nationale dans la mesure où elle affecte tous les domaines de la communauté.

Pour développer le secteur sidérurgique, l'implication de l'Etat dans l'investissement est une impérative en vue de permettre ou de faciliter aux congolais l'accès aux financements pour la création de la classe moyenne à travers les différentes PMI et PME attachées à la chaîne de production et de commercialisation des produits sidérurgiques. A l'exemple de la Chine qui avait favorisé la concurrence interne par les financements de sa sidérurgie, la République Démocratique du Congo doit faciliter aux nationaux d'avoir les moyens nécessaires pour la mise en place des industries sidérurgiques.

Etant donné que l'accès aux crédits bancaires est difficile pour les promoteurs congolais des Petites et Moyennes Industries (PMI) et des Petites et Moyennes Entreprises (PME), l'existence d'une structure comme le Fonds de Promotion Industrielles (FPI) est louable. Cependant l'exigence d'une garantie pour bénéficier d'un financement du FPI handicape plusieurs entrepreneurs nationaux ayant des projets viables. Cette situation ne permet pas au FPI d'atteindre son objectif qui est celui de promouvoir des industries dans notre pays.

L'Etat congolais doit encourager les initiatives des nationaux en allégeant les conditions d'octroi des financements dans une structure mise en place par le Gouvernement. Nous pensons que les congolais bénéficiaires d'un financement provenant d'une institution de l'Etat telle que le FPI, doivent automatiquement bénéficier d'un accompagnement dans la gestion jusqu'à l'épurement de la dette. Cette disposition présente plusieurs avantages pour l'institution et pour le bénéficiaire. En effet, l'accompagnement dans la gestion va permettre d'une part à la structure financière de s'assurer du remboursement et d'autre part d'assainir la gestion financière de l'entreprise ayant obtenu le crédit.

Selon les informations à notre possession, la plupart des bénéficiaires de crédit au FPI sont des étrangers. Certains d'entre eux se permettent d'accorder 5% des actions de leur société à un congolais en vue de se faire passer pour une entreprise dont l'un des associés est un fils du pays et par conséquent ils peuvent concourir à un financement d'une institution financière étatique destinée essentiellement à aider les nationaux à accéder au crédit. Nous pensons que la politique du FPI doit être réorientée de telle sorte que seuls, les congolais devaient être bénéficiaires du financement de cette institution et tous les étrangers devaient s'orienter vers les banques. Cette politique a pour avantage de permettre aux nationaux de créer des PMI et des PME et participer ainsi à l'émergence de la classe moyenne dans notre pays. Ceci va aussi encourager la concurrence avec comme effet l'amélioration de la qualité des produits et la réduction de coût.

Nous voulons insister sur l'obligation de voir l'Etat congolais s'impliquer dans l'investissement des industries sidérurgiques à travers les provinces de notre pays ; car le secteur de la sidérurgie est considéré comme un domaine de souveraineté dans le processus du développement d'un pays. Il n'est pas admissible que la République Démocratique du Congo, avec toutes ses potentialités, ne puisse pas se préoccuper de ce secteur et surtout qu'il puisse l'abandonner totalement entre les mains des étrangers. Pour le décollage du développement durable d'un pays, il y a deux secteurs clés à savoir la sidérurgie et l'agriculture. En effet, la sidérurgie tout comme l'agriculture contribue efficacement à la relance économique ; car elles permettent de répondre aux besoins vitaux de la population. La Chine, pour l'avoir compris, est comptée parmi les pays émergents à ces jours. Une nation qui veut s'épanouir doit commencer par nourrir sa population et ensuite lui donner du travail.

Nous voulons dire que l'agriculture doit réellement être une priorité des priorités si nous voulons développer notre pays. Le Président Laurent Désiré KABILA l'avait aussi compris et avait mis en place le Service National pour amener la population à retourner vers la terre pour la cultiver. Car un pays qui ne peut nourrir sa population est appelé à être dominé. Il est difficile de remettre au travail un peuple affamé de peur qu'il ne se livre à la corruption, au vol et à tout autre méfait étant donné que les besoins primaires ne sont satisfaits.

La Chine, après avoir résolu le problème alimentaire, s'est lancée dans les grands projets tels que la sidérurgie et autres. Pour notre part, l'implantation des industries sidérurgiques à travers le pays est une stratégie qui va entrainer le développement de plusieurs secteurs de la vie plus particulièrement l'agriculture. L'Etat congolais doit contrôler les secteurs de la sidérurgie s'il veut être maître du destin commun.

Le pouvoir public de notre pays doit tenir compte de toutes ces options lors de l'élaboration de la politique générale du développement de la nation. Dans cette perspective, nous pouvons ainsi considérer que le secteur de la sidérurgie peut également apporter des solutions aux problèmes posés par la société au même titre que le secteur agricole et d'autres. Il est vrai que le monde ne nous facilitera pas la tâche ; car le Congo constitue un grand débouché pour les pays producteurs d'aciers.

Il est reconnu, par des études que les gisements de notre pays possèdent des minerais de fer très riches pouvant produire des aciers de très hautes qualités. Les grandes puissances préfèrent maintenir notre pays dans la position de consommateur et non de producteur des aciers. C'est pour cette raison que l'on avait conseillé aux autorités de l'époque le schéma périlleux d'élaborer les aciers à partir des ferrailles tout en sachant que cette matière ne pourra pas toujours être disponible sur place en quantité souhaitée. L'importation des ferrailles pour l'élaboration des aciers n'est pas profitable à cause du coût très élevé. D'où le blocage dans le fonctionnement de la sidérurgie de Maluku.

Et pourtant il existe le procédé plus facile pour notre pays qui consiste à élaborer les différentes nuances d'aciers à partir des éponges de fer. Les aciers ainsi obtenus sont de très haute qualité. L'Etat congolais doit prendre conscience de l'importance de ce secteur et avoir le courage de s'investir pour le développement durable.

A côté de l'investissement des nationaux, l'Etat congolais peut aussi recourir aux investisseurs étrangers étant donné que la sidérurgie est un domaine qui nécessite des grands capitaux à l'installation.

7.6. L'impact de diversification des sources de production de l'énergie

L'impact de l'exploitation des différentes sources de production de l'énergie est considérable dans tous les domaines de la vie nationale à savoir dans l'économie, dans la modernisation, dans l'agriculture, dans l'éclairage public, dans la santé, dans l'éducation, dans le commerce, dans les ménages, dans l'industrialisation, etc.

La République Démocratique du Congo a la possibilité de produire de l'énergie électrique à partir de gaz naturel, du charbon et des sources hydrauliques. Nous allons nous appesantir sur le développement des différents sites de production de l'énergie à partir des sources hydrauliques. En effet, l'Atlas des énergies renouvelables en RDC, édition 2014 a présenté le tableau des centrales hydroélectriques opérationnelles, des centrales à réhabiliter ainsi que des sites identifiés mais qui sont à construire. L'exploitation complète de tous ces sites hydroélectriques est possible et peut influencer favorablement notre société.

La nation congolaise doit s'engager dans l'option de développer les différents sites hydroélectriques pour résoudre totalement les problèmes provenant de l'insuffisance de l'énergie électrique disponible ; lesquels problèmes influencent négativement tous les domaines de la vie nationale.

Les centrales opérationnelles sont moins nombreuses que celles à réhabiliter ; de même les sites hydroélectriques à construire sont encore plus nombreux que les deux types des centrales évoquées ci-haut. L'engagement et la détermination de notre pays à rendre opérationnels tous les sites est une option capitale pour relever le défi de la fourniture de l'énergie électrique à travers toutes les provinces de la République. Car l'électrification d'un pays si vaste comme la République Démocratique du Congo est un enjeu majeur pour sa croissance.

Nul n'ignore le rôle crucial que joue l'énergie électrique dans le processus de développement d'une société. L'industrialisation, la modernisation, l'épanouissement sont étroitement liés à la disponibilité qualitative et quantitative de l'énergie électrique. L'implantation de la sidérurgie à travers le territoire national est un projet viable pour la transformation, de l'environnement communautaire ; cependant, il exige une fourniture permanente de l'énergie électrique. L'impact de l'exploitation de tous les sites hydroélectriques disséminés dans le pays est très significatif dans ce sens qu'il peut favoriser les investissements, l'installation d'une classe moyenne et la création d'emplois.

La République Démocratique du Congo est un pays très vaste et ne peut envisager son développement sans penser à l'électrification du territoire national ; ce dernier n'est possible qu'avec l'exploitation rationnelle et complète de tous les sites hydroélectriques identifiées. L'option d'électrifier toutes les provinces doit être primordiale du fait de sa faisabilité et de l'existence des innombrables ressources hydroélectriques dans le pays. Il est inadmissible qu'une grande partie de la République soit dans l'obscurité et qu'il puisse exister le système de délestage dans les centres urbains y compris dans la ville de Kinshasa.

La production de l'énergie électrique est un secteur non seulement social, mais de souveraineté. En d'autres termes l'Etat congolais doit mettre des moyens nécessaires pour investir dans ce domaine ; car aucun autre pays ou institution internationale ne pourra le financer pour faciliter notre développement. Si nous voulons atteindre l'émergence de notre pays, nous devons investir dans ce domaine précis.

La présence ou la disponibilité permanente de l'énergie électrique à travers le pays est un atout pour l'installation de la sidérurgie qui est une industrie industrialisante ; et qui peut être un vecteur de l'accroissement équitable de toutes les provinces. En effet, on ne peut concevoir le progrès d'un pays sans industrialisation ; tout comme on ne peut envisager l'industrialisation sans énergie électrique. Il est temps de prendre conscience et de s'engager dans l'exploitation de toutes les sources hydrauliques identifié en vue de rendre chaque province autonome dans la production et la fourniture de l'énergie électrique. Cette option paraît moins couteuse en lieu et place des grandes réalisations comme Inga.

Nous pensons que l'énergie électrique produite à partir des différents sites de sources hydrauliques peut satisfaire à la demande intérieure en termes qualitative et quantitative. Cependant, il est à craindre que la communauté nationale ne soit pas capable de consommer la quantité d'énergie produite et disponible par manque d'industries. Raison pour laquelle l'implantation de la sidérurgie est une nécessité pour entraîner l'installation des autres industries à mesure d'utiliser l'énergie électrique et rendre ainsi ce secteur rentable. L'option d'exploiter tous les sites hydroélectriques peut amener également beaucoup de devises et renforcer l'économie nationale par la vente de l'énergie électrique aux pays voisins qui en ont besoin.

Comme nous venons de le démontrer, le secteur de l'énergie électrique est un grand chantier dans notre pays qui nécessite un engagement sérieux de la part du pouvoir public. La construction des centrales hydroélectriques sur tous les sites identifiés, à réhabiliter ou à construire, constitue en soi un chantier à part entière. La production de l'énergie électrique dans ces différents sites constitue également un autre chantier considérable ; il en est de même du transport ainsi que de la distribution de l'énergie électrique sur l'étendue du territoire national. La commercialisation de l'énergie électrique n'en est pas moins étant donné l'option de la diversification des sources de production.

Ces différents chantiers liés au secteur de l'énergie électrique mérite de retenir l'attention du pouvoir public et aussi de figurer en priorité dans le programme du gouvernement. Les parlementaires doivent veiller à la matérialisation de ces chantiers, chacun en ce qui concerne sa circonscription électorale. L'élite doit aussi participer en soutenant ce projet ; il en est de même de la population qui doit être impliquée d'une manière ou d'une autre à la réalisation de ces différents chantiers.

L'élite scientifique doit non seulement être associée mais être considérée, par les autorités, comme un partenaire permanent. Sous d'autres cieux, il existe un cadre formel de concertation entre les scientifiques, les institutions publiques et les entreprises pour définir des orientations et concevoir des projets de développement dans tous les domaines de la vie nationale. Nous pensons qu'une telle structure a des raisons d'exister dans notre pays pour faciliter la collaboration entre le monde scientifique, le monde du pouvoir public et le monde des affaires. L'avantage d'une telle structure consiste à mener des réflexions et des analyses objectives.

C'est dans cette logique que nous avons organisé à Kinshasa du 02 au 04 septembre 2010 un colloque international sur la collaboration entre les universités et les entreprises pour le développement et l'innovation en République Démocratique du Congo. Ces assises avaient comme objectifs :

- nouer un dialogue entre les entreprises publiques, les entreprises privées, les institutions d'enseignement post secondaire de la République Démocratique du Congo, les Universités et les Instituts Supérieurs Techniques afin d'optimiser l'impact de leurs programmes sur le monde industriel et la société civile ;

- discuter et définir le nouveau profil des ingénieurs, des économistes et des gestionnaires dans les filières classiques pour les adapter aux demandes des entreprises publiques et privées en République Démocratique du Congo. Nous pensons évidemment à la formation des ingénieurs électromécaniciens, en constructions civiles, en chimie, en environnement, en NTIC, mais aussi aux secteurs importants tels que les transports fluviaux, ferroviaires, routiers et certains secteurs comme l'agriculture, les petites industries, etc… ;

- créer des nouvelles filières de formation d'ingénieurs afin de couvrir les besoins nouveaux sur le marché de l'emploi de notre société ;

- stimuler les initiatives pour de renouveler ou de revisiter les programmes existants grâce à l'établissement des groupes de contact entre les institutions de formation des ingénieurs et les représentants de l'industrie.

A l'issue des travaux en atelier, les participants ont pris les résolutions suivantes pour chaque domaine de manière à accentuer la collaboration entre les Universités et les Entreprises. Ces ateliers concernaient principalement le domaine de collaboration industrie – universités et la constitution du Conseil Scientifique de la Recherche et de l'innovation, la création de Spin-off, la révision régulière des programmes de formation, la formation à distance ainsi que l'appropriation des Nouvelles Technologies de l'Information et de la Communication :

1. *Sur la collaboration Industries – Universités et la constitution du Conseil Scientifique national de la recherche et de l'innovation.*

- Pour financer la recherche dans les universités, la participation des industriels congolais est requise ;

- Pour rendre fructueuse cette collaboration, il faut créer un cadre de concertation entre les universités, les industries et le pouvoir public ; assurer l'accompagnement des chercheurs au sein des institutions d'enseignement supérieur et de Recherche. Ce cadre assurera la jonction entre les universités et la société de même qu'il protègera les droits de chercheurs. Il sera étoffé d'experts de diverses compétences c'est-à-dire des scientifiques, des juristes, des économistes, des marketeurs, etc… dont le rôle sera de valoriser les résultats de recherche et gérer les contrats obtenus ;

- La recherche et le développement doivent être les piliers de la reconstruction national ;

- La fondation universitaire ou le Conseil Scientifique national de la recherche et de l'innovation à créer doit être le lieu où se rencontrent les représentants des universités et des entreprises pour formuler des propositions concrètes à faire au gouvernement et déterminer les filières d'activités à développer dans le cadre de la reconstruction, de suivi de la politique d'implantation des programmes retenus, de coordonner les formations à assurer et de garantir un contrôle sur la qualité. Cet organisme sera apolitique et composé essentiellement des représentants des universités et des Institutions d'Enseignements Supérieurs Congolais ainsi que des entreprises publiques et privées. Il serait indiqué d'y associer des représentants des Institutions d'Enseignement Supérieurs étrangers et celles de l'aide internationale qui doivent participer à l'élaboration et l'implantation des programmes de développement retenus ainsi que dans la définition des modes de financement des filières prioritaires.

2. Sur la création des spin-off

Les spin-off sont des entreprises de recherche et de production au stade pilote attachées aux universités pour le maintien des résultats et assurer l'autofinancement de la recherche. Les laboratoires de recherche doivent :

- Définir clairement les objectifs de leurs projets;
- Elaborer leur domaine de spécialisation
- Constituer des équipes de collaboration ;
- Déceler les besoins de la société ;

Se faire connaître dans le milieu d'affaires et développer des synergies avec lui ;

L'Etat congolais doit favoriser le développement de l'environnement attractif pour assurer l'éclosion et le développement des spin-off.

3. Sur la révision régulière des programmes de formation

L'institution à créer doit surveiller le niveau des programmes de formation pour l'adapter aux besoins de la société par la :

- Révision des programmes de formation d'ingénieurs dans les Universités et Institut Supérieurs doit être envisagée ;

- Invitation aux entreprises à devenir partie prenante dans le processus éducatif au sein des institutions d'Enseignement Supérieurs.

4. *Sur la formation à distance et appropriation des nouvelles Technologies de l'information et de la Communication*

Ce domaine est d'actualité aujourd'hui. Le Centre à créer doit adapter la formation des ingénieurs à cet outil pour compléter la formation dans les domaines dont les universités n'ont pas des formateurs sur place et nouer les contacts avec les homologues d'ailleurs par :

- L'intégration des cours en relation avec les NTIC dans toutes les filières d'enseignement, du point de vue de l'utilisateur. Ce programme devrait être concentré afin de définir correctement le contenu minimum du curricula et le type d'utilisateur à former. Ces cours pourraient être disponibilisés dans un environnement de E-learning ;
- La création des écoles ou des filières spécialisées dans des domaines de NTIC pour répondre à court terme à la demande croissante des entreprises. Ces filières doivent nécessairement répondre à trois objectifs ou impératifs d'utilisation : la formation des techniciens de maintenance et utilisateurs, des techniciens développeurs d'applications (orientation système de gestion) et de contenu des cours de NTIC, des techniciens capables d'abstraction et donc d'innover avec des nouvelles idées. Ces écoles pourraient s'appuyer sur un environnement de E-learning alimenté par les enseignants ;
- L'introduction ou le renforcement des cours orientés vers le NTIC dans les écoles d'ingénieurs existantes de manière à ce que les finalistes s'en approprient comme outil de travail, que chacun dans sa spécialité ait eu le temps d'utiliser ces outils particuliers dans son domaine. Les outils spécialisés généralement

coûteux, pourraient être partagés à partir d'un site connu hébergeant le E-learning ;

- L'identification des besoins au préalable des informations et des séminaires de formation des enseignants pour prendre en charge l'ambitieux programme de formation ;
- Le financement par le gouvernement pour la mise en place d'une plateforme qui hébergerait les outils utilisables par différents spécialistes dans les écoles ;
- Le financement par le gouvernement de LAN universitaires et des écoles secondaires ainsi que des capacités individuelles d'accès aux ordinateurs pour tous, par exemple par l'allègement fiscaux lors des importations y relatives ;
- La création d'une fédération des infrastructures existantes afin de minimiser les coûts d'implémentation.

Ce colloque a connu la participation d'une forte délégation des professeurs d'universités et des entrepreneurs belges, la Fédération des entreprises du Congo (FEC), l'Association Nationale de entreprises du Portefeuilles (ANEP), le Secrétariat Général de l'enseignement supérieur et universitaire, les membres du cabinet du Ministre ainsi que certaines universités et Instituts supérieurs de Kinshasa.

Conclusion

Dans ce chapitre nous avons démontré l'impact de six options fondamentales pour l'implantation de la sidérurgie dans notre pays ; lequel impact couvre divers domaines à savoir les infrastructures, l'éducation, la santé, l'agriculture, l'emploi et l'environnement.

L'option d'investir dans la sidérurgie en République Démocratique du Congo est très judicieuse parce qu'elle constitue une base réelle de développement durable. Aucun pays au monde ne peut se passer des produits sidérurgiques dans le processus de sa modernisation et de sa reconstruction. La sidérurgie influence positivement la société ; car elle apporte un changement qui affecte la vie communautaire grâce à la construction des cités minières, des hôpitaux, des écoles, des centres commerciaux, des routes etc. Nous pouvons donc affirmer que l'implantation des industries sidérurgiques amène un nouveau mode de vie qui a des implications sur les communautés environnantes.

L'efficacité du choix de la sidérurgie comme base de développement durable repose sur plusieurs éléments notamment son organisation. A ce sujet, nous avons trouvé rationnel d'opter pour la structure d'organisation en Groupe d'Entreprises c'est-à-dire en chaine de production. Cette option présente plusieurs avantages non seulement dans la gestion et dans le fonctionnement mais surtout dans la mise en place de la classe moyenne et par conséquent dans la création des emplois. Cette organisation permet également l'utilisation de la main d'œuvre locale composée de toutes catégories de la population.

La sidérurgie favorise aussi la création et l'expansion des nouvelles industries qui vont apporter d'autres perspectives dans la vie des communautés qui se sont créés autour des cités minières. D'où l'option de la sidérurgie comme industrie industrialisante. Nous sommes convaincus que l'industrialisation des différentes provinces peut partir du développement des industries sidérurgiques qui ont la capacité de transformer les ressources naturelles en richesses réelles et influencer ainsi l'économie et la croissance.

L'implantation des industries sidérurgiques à travers les provinces est une option qui va entrainer la modernisation du pays grâce à l'amélioration des infrastructures c'est-à-dire la construction des routes, des ponts ainsi que des nouveaux bâtiments. Les nouvelles routes construites vont faciliter ainsi la mobilité des personnes et de leurs biens. La présence des industries sidérurgiques en provinces va améliorer les conditions de vie par la distribution des revenus à la population entrainant ainsi une consommation conséquente des produits agricoles et autres sur le marché. La sidérurgie, vue sous ces différentes stratégies, peut contribuer à la mécanisation de l'agriculture par l'utilisation des méthodes industrielles en vue de satisfaire aux besoins internes et même envisager l'exportation de nos produits agricoles.

L'impact de la sidérurgie est aussi considérable dans l'éducation dans la mesure où elle valorise non seulement l'enseignement universitaire mais aussi la formation technique et professionnelle. Car les industries sidérurgiques constituent des véritables consommatrices des mains d'œuvres universitaires et techniques, des mains d'œuvres non qualifiées c'est-à-dire des ouvriers. Pour résoudre le problème de chômage dans notre pays, on peut s'appuyer sur les projets ou la vision du développement de l'industrie sidérurgique à travers le territoire national.

La présence de l'industrie sidérurgique influence positivement le comportement de la jeunesse en lui apportant un stimulus pour un nouveau modèle de vie et de société. Pour lutter contre la délinquance juvénile en général et le phénomène de banditisme urbain tel que le Kuluna, il y a nécessité et obligation de donner de l'espérance à cette jeunesse qui souffre de manque de modèle et de désespoir pour son avenir. Nous sommes convaincus que l'implantation des usines sidérurgiques dans différentes provinces peut apporter une réponse à la jeunesse.

Pour un développement harmonieux et équitable des différentes parties de la République Démocratique du Congo, l'option de l'installation de la sidérurgie est indiquée parce qu'elle favorise l'émergence, la croissance et la modernité. La création et la répartition des richesses sont aussi possibles grâce à l'essor de l'industrie sidérurgique à travers la mise en place d'une classe moyenne, source incontournable des revenus.

La République Démocratique du Congo a intérêt à s'investir pour la matérialisation de ce modèle de société c'est-à-dire une société créée autour de l'industrialisation et la modernisation provenant de l'installation des industries sidérurgiques à travers le pays. L'espérance que peut apporter l'implantation de la sidérurgie rayonne sur tous les territoires environnants et constitue un vecteur pour le lancement du changement des mentalités des populations. Désormais, tout le monde peut aspirer à une bonne vie, une belle maison, à l'accès à l'eau potable et à l'énergie électrique, à l'accès aux soins de santé ainsi qu'à l'accès au travail. L'aspiration de la population du milieu rural, environnant les cités minières, à de meilleures conditions de vie est un capital non négligeable pour sa participation à l'effort de transformation de son milieu. D'où la possibilité d'émergence des cités urbaines et de villes à travers le pays.

Ce nouveau mode de vie et de société est caractérisé aussi par l'exécution des grands travaux pour la construction des nouvelles maisons, des nouveaux bâtiments et autres. Tous ces travaux nécessitent une grande quantité des produits sidérurgiques ; d'où l'augmentation de la capacité de la chaine de production en vue de répondre aux besoins internes. Car la capacité de développement d'un pays se mesure par sa capacité de consommation des produits sidérurgiques.

Il est important donc que le pouvoir public de notre pays s'implique dans l'investissement de l'industrie sidérurgique partout où il y a les minerais de fer sur le territoire national. L'implication de l'Etat consiste à faciliter aux entrepreneurs nationaux l'accès aux financements par des structures autres que les banques commerciales. Cette implication de l'Etat congolais doit être accompagnée d'un encadrement des experts provenant des structures financières étatiques pour assainir la gestion et permettre le remboursement des crédits.

Il est aussi souhaitable de recourir aux capitaux extérieurs pour développer le secteur de la sidérurgie et favoriser la concurrence. Cependant, il est indispensable pour la République Démocratique du Congo d'avoir une maitrise de ce domaine précis si l'on veut réellement être un pays responsable et respecté. Car la sidérurgie constitue véritablement une clé pour le développement durable surtout pour un pays si vaste comme le nôtre. La présence de la sidérurgie contribue à l'organisation de la société.

L'impact social lié au développement de l'industrie sidérurgique est de grande portée. Etant donné que ce secteur permet l'amélioration de la qualité de vie de la population, l'Etat congolais doit s'investir dans la réalisation de ce dernier. Il est nécessaire que la population participe ou prenne part dans le processus de mise en place de l'industrie sidérurgique.

L'option de l'électrification du territoire national grâce à la diversification des sources de production de l'énergie électrique est une exigence majeure dans la vision qui consiste à mener un développement durable grâce à l'expansion de la sidérurgie. Les industries sidérurgiques sont en effet des grandes consommatrices de l'énergie électrique. On ne peut donc parler de l'implantation des usines sidérurgiques à travers le pays sans penser à la production et à la fourniture permanente de l'énergie électrique. Pour atteindre cet objectif, il est impérieux d'exploiter les différentes sources de production de l'énergie électrique. Les différents sites hydroélectriques déjà identifiés doivent ainsi être mise en valeur.

La réalisation de ces différents projets nécessite l'implication du pouvoir public, de l'élite, de la population et des universités. Pour ce faire, il est conseillé de mettre en place une ou plusieurs structures de collaboration et d'analyse en vue de déterminer les options importantes pour le développement de divers domaines de notre pays. Dans cette optique les assises sur la collaboration entre les Universités et les Entreprises ont eu lieu à Kinshasa et ont abouti à la mise en place de plusieurs résolutions susceptibles d'apporter des innovations dans l'industrie congolaise. La synthèse du rapport de ces travaux se trouve en annexe 1 de cet ouvrage.

CONCLUSION GENERALE

La République Démocratique du Congo est un pays potentiellement riche avec une population très pauvre. Ce contraste provient du fait que notre pays manifeste une incapacité inexpliquée à pouvoir transformer ces différentes potentialités en richesse réelle en vue d'assurer une répartition de celle-ci à la population à travers la création des emplois. Cette triste réalité concerne aussi les minerais de fer. La République Démocratique du Congo possède des réserves évaluées à plusieurs milliards de tonnes. Les différents gisements de minerais de fer ont été localisés dans les provinces du Kasaï Occidental, du Bas-Congo, du Katanga et dans la province Orientale. Les autres provinces notamment l'Equateur, la Maniema, le Nord et Sud Kivu renferment aussi des gisements de minerais de fer, il faudra cependant organiser des expéditions pour obtenir des informations fiables à ce sujet.

Tous ces gisements n'ont jamais été exploités à l'exception des gisements situés au Katanga qui ont connu une petite exploitation qui a alimenté la métallurgie du Cuivre. Le dernier à être exploité est celui de Kisanga II qui est situé entre Likasi et Kambove. La production de fer du Katanga a été de 616.000 tonnes de minerais de fer dans la période allant de 1917 à 1945. L'évaluation des différents gisements a montré que la République Démocratique du Congo détient des minerais de fer très riches qui peuvent être classés en douze catégories. La bonne qualité des minerais de fer permet la fabrication des éponges de fer de haute qualité lesquelles serviront à l'élaboration des aciers de types différents.

La République Démocratique du Congo déteint 11,76% des réserves mondiales de minerais de fer soit 20 milliards de tonnes sur 170 milliards de tonnes au monde dont 80 milliards de tonnes pour l'Afrique. Ces réserves sont suffisantes pour l'expansion de l'industrie sidérurgique. Notre pays doit accorder une attention particulière au développement de la métallurgie du fer appelée Sidérurgie. Cette industrie lourde est la clé du progrès industriel, économique et social d'une nation. Car la République Démocratique du Congo dispose d'atouts majeurs pour s'engager dans ce processus de croissance.

L'essor de l'industrie sidérurgique exige une disponibilité permanente, qualitative et quantitative de l'énergie électrique. Les données de la Société Nationale d'Electricité en sigle SNEL, prouve que la quantité de l'énergie électrique produite et fournie à la population ne représente que 10% de nos potentialité dans ce domaine précis. L'Atlas des énergies renouvelables de la République Démocratique du Congo, édition 2014, confirme la thèse de la SNEL tout en présentant trois types de site à savoir les centrales hydroélectriques opérationnelles, les centrales hydroélectriques à réhabiliter ainsi que des sites identifiés qui sont à construire. Le constat qui ressort de l'observance de ces différents éléments montre que les centrales opérationnelles sont en nombre insignifiants tandis que les sites à construire sont plus nombreux. D'une manière générale, la République Démocratique du Congo est dans l'obscurité.

L'énergie électrique est un élément capital dans le processus de l'industrialisation d'un pays. La République Démocratique du Congo est potentiellement riche en ressources pouvant produire de l'énergie électrique. Elle possède plusieurs sources de production de l'énergie électrique dont les plus importantes sont : les sources hydrauliques, les sources fossiles et les sources géothermiques. L'exploitation rationnelle des différentes sources hydrauliques, déjà identifiées dans l'Atlas des énergies renouvelables sur notre pays, est amplement suffisante pour l'électrification du territoire national et pour l'industrialisation du pays. Il y a nécessité de s'engager dans la voie de la transformation des nombreuses potentialités hydrauliques en énergie électrique pour atteindre l'objectif de l'implantation et du développement de l'industrie sidérurgique.

Des autres sources de production de l'énergie électrique notamment les sources fossiles et géothermiques peuvent être mises en contribution là où les circonstances l'exigent. Cependant le gaz naturel qui fait partie des ressources fossiles est un élément incontournable dans la fabrication des éponges de fer. La présence du gaz naturel dans le lac Kivu et sur la côte atlantique ainsi que le long du lac Albert permet le choix d'une technologie adaptée aux besoins du pays, à savoir « *le procédé de fabrication d'éponges de fer par réduction directe* ». Cette nouvelle technologie, qui est par ailleurs, à notre portée va hisser la République Démocratique du Congo parmi les pays producteurs d'aciers de haute qualité à travers le monde. Cela donnera lieu à un développement industriel conséquent du pays.

La technologie de réduction directe est aussi utilisée en Amérique et en Allemagne à travers les procédés MIDREX et HYL III en vue de l'obtention des éponges de fer. Des recherches continuent dans le monde afin d'améliorer la quantité de la production des éponges de fer. C'est dans ce cadre que les Américains ont mis en place le procédé HYL I, et pour minimiser le coût de la main d'œuvre, ils l'ont installé en Inde.

Les éponges de fer sont nécessaires dans l'élaboration des aciers en remplacement de la ferraille. La technologie pour l'élaboration des aciers est différente de celle utilisée pour la fabrication des éponges de fer. On distingue pour les aciers deux types de technologie à savoir : la filière classique et la filière intégrée. Nous avons opté pour la filière intégrée au détriment de la filière classique ; car cette dernière est couteuse et dépend de l'importation de certaines matières premières. La filière intégrée est plus appropriée pour notre pays parce qu'elle présente plusieurs avantages dont l'existence sur le sol congolais de toutes les matières premières nécessaires à son fonctionnement. La filière intégrée utilise des éponges de fer pour l'élaboration des aciers ; alors que la filière classique recours aux minerais de fer et au coke (charbon) pour faire un produit intermédiaire qu'on appelle la fonte qui sera convertie en acier.

Le succès de l'industrie sidérurgique dépend entre autre du type de l'organisation mise en place pour son fonctionnement. On distingue deux types d'organisation à savoir le schéma Groupe d'Entreprises et celui d'Entreprise Groupe qui présente, chacun des avantages et des inconvénients. Pour faciliter l'implantation et le fonctionnement de l'industrie sidérurgique, nous avons privilégié le schéma Groupe d'Entreprises ou Concentration Horizontale qui est constitué de industries, des Petites et Moyennes Entreprises (PME) et des Petites et Moyennes Industries (PMI). Dans cette organisation, les produits sidérurgiques s'obtiennent à travers une chaine de production composée de entités autonomes dans la direction et la gestion mais interdépendantes les unes des autres parce que les produits de l'une constitue la matière première de l'autre. Cette organisation rend souple le fonctionnement et la gestion de chaque entité autonome.

Le schéma Groupe d'Entreprises a l'avantage de favoriser la mise en place d'une classe moyenne et par conséquent la création d'emplois, deux éléments indispensables pour le renforcement de l'économie d'un pays. Ainsi, la sidérurgie organisée en Groupe d'Entreprises exige une diversification des compétences ; c'est ce qui fait d'elle un moyen par excellence pour l'utilisation des cadres formés dans les Universités et Instituts Supérieurs de notre pays. Le schéma Groupe d'Entreprises favorise l'émergence d'une concurrence dans le secteur et contribue de ce fait à l'amélioration de la qualité des produits.

Concernant le schéma Entreprises – Groupe ou la concentration verticale, celui-ci présente plusieurs difficultés dans son organisation et dans son fonctionnement. Ce schéma est indiqué pour des entreprises de grande taille avec une direction unique. Plusieurs entreprises publiques congolaises avaient optées pour ce modèle d'organisation dans le passé et elles ont connu d'énormes difficultés de fonctionnement qui ont contribué à leur faillite. Pour éviter de tomber dans les mêmes erreurs, il n'est pas souhaitable de s'engager dans ce type d'organisation pour la mise en place des industries sidérurgiques dans notre pays. Etant donné que l'essor du secteur sidérurgique va contribuer efficacement au progrès technique, économique et social de la population congolaise, Il est opportun de recourir au schéma Groupe d'Entreprises qui va assurer l'intégration en amont et en aval de l'industrie de notre pays.

Il faut cependant faire remarquer qu'il existe des enjeux qui sont en même temps des préalables à l'implantation des industries sidérurgiques à savoir le transfert de la technologie, les moyens financiers et la commercialisation des produits plats. L'enjeu lié au transfert de technologie constitue un défi majeur à résoudre avant tout implantation de la sidérurgie. L'enjeu lié à l'investissement est également une préoccupation qui doit retenir l'attention et trouver la solution avant tout engagement dans le processus de l'installation des usines sidérurgiques. Il en est de même pour l'écoulement des produits sidérurgiques plats ; car il faut s'assurer des possibilités réelles et existences pour la commercialisation de ces produits au niveau interne et externe. Les besoins intérieurs en produits sidérurgiques plats sont énormes, il faut cependant l'engagement du pouvoir public à la construction des grands chantiers qui sont des véritables consommateurs de ces genres des matériels.

Quant au marché extérieur, il y a nécessité de mettre en place des stratégies pour y faire accéder nos produits ; l'une des stratégies consiste à négocier le montage de certaines marque des véhicules dans notre pays en vue d'arriver à long terme à obtenir des licences pour la fabrication de certaines pièces détachées. Cette stratégie est très importante non seulement pour assurer la vente de nos produits sidérurgiques plats mais aussi pour entrevoir la possibilité à long terme de bénéficier de la délocalisation étant donné que les conditions et le coût de travail sont allégés dans les pays en voie de développement plus particulièrement en République Démocratique du Congo.

Il existe également d'autres enjeux, non de moindre, qui peuvent être considéré comme des conséquences de l'épanouissement des industries sidérurgiques. Dans cette catégorie, nous avons distingué les enjeux sécuritaires, les enjeux militaires, les enjeux liés à la coopération, les enjeux de développement et les enjeux économiques proprement dit. L'existence d'un nombre élevé d'enjeux autour de la sidérurgie montre à suffisance combien ce secteur est stratégique, capital et incontournable pour atteindre le développement stable et durable. La République Démocratique du Congo a intérêt à s'engager à investir dans la sidérurgie en vue de figurer un jour parmi les pays émergents en Afrique. Notre pays ne pourra réaliser son rêve de devenir un pays émergent aux horizons 2050 qu'en développant une industrie sidérurgique capable d'amener une industrialisation rapide du territoire national. Car le grand bond qui a propulsé la Chine d'un pays pauvre à un pays émergent n'a été possible que par une explosion de la production sidérurgique et qui a fait d'elle l'un des plus grands producteurs de l'acier.

La sidérurgie est un indicateur important pour mesurer la puissance économique et industrielle d'un pays ; car la consommation d'acier par tête d'habitant constitue l'un des critères pour évaluer le degré de croissance d'une nation. La sidérurgie est un domaine très rentable et très efficace pour le renforcement de l'économie, des échanges commerciaux et de la vie sociale. L'apport économique de la sidérurgie est multiple ; il commence par la mise en place des industries, des PME et des PMI ainsi que des activités informelles génératrices des revenus. Les diverses types d'entreprises ainsi créer utilisent une main d'œuvre considérable donnant ainsi une source de revenu à la population. Développer la sidérurgie, qui est un moyen par excellence de création d'emplois, doit être considéré comme une meilleure stratégie pour la répartition des richesses nationales.

L'apport économique de la sidérurgie consiste également à la limitation des importations des produits sidérurgiques avec comme effet immédiat la conservation des devises. La capacité de la production locale doit être suffisante pour répondre à la demande intérieure et faciliter les travaux des grands chantiers ainsi que ceux de construction ordinaire. A ce niveau aussi, il faut signaler le recours à la main d'œuvre locale permettant ainsi d'en diguer le problème de chômage. Tous ceux-ci contribuent à améliorer le niveau de consommation intérieure des produits sidérurgiques et par conséquent à renforcer l'économie du pays. La production locale a l'avantage d'influer positivement sur le coût des produits sidérurgiques et améliorer ainsi la consommation intérieure. Car, dans tous les domaines de la vie courante notamment l'économie, l'infrastructure, le bâtiment, la mobilité, la construction métallique, etc..., on a toujours besoin des produits sidérurgiques. La sidérurgie peut aussi aider à la maximisation des recettes de l'Etat provenant des impôts sur les chiffres d'affaires des différentes entreprises et sur les revenus du personnel.

La sidérurgie est encore un moyen pouvant permettre l'entrée des devises dans le trésor public grâce à la vente des éponges de fer aux industries d'élaboration des aciers implantées dans les pays étrangers. La République Démocratique du Congo a aussi la possibilité de commercialiser les aciers produits localement sur le marché africain et international. Il est également possible de vendre les éponges de fer aux industries installées dans notre pays qui s'occupent de l'élaboration des aciers. De même, il faut encourager la mise en place des plusieurs ateliers de transformation des aciers en produits sidérurgiques ; car ceux - ci vont constituer un marché pour la consommation locale.

L'apport de la sidérurgie porte aussi sur l'épanouissement social dans la mesure où l'implantation des industries sidérurgiques est toujours accompagnée de la construction et de la réhabilitation des infrastructures. Les effets positifs provenant de l'expansion des industries sidérurgiques sont manifestes sur l'environnement et la vie sociale de la population notamment l'électrification, l'hygiène et l'accès à l'eau potable. L'industrialisation des sites miniers contribue aussi à la mise en place des nouvelles cités modernes avec un niveau de vie améliorée qui va inspirer la jeunesse. Il faut dire que la présence de l'industrie sidérurgique améliore sensiblement les conditions de vie des populations des villages environnants, puisqu'elle favorise la mise en place des diverses activités commerciales permettant ainsi les échanges entre les communautés. Plusieurs domaines de la vie sociale sont révolutionnés par l'évolution de la situation dans les cités minières notamment l'agriculture, grâce à l'augmentation de la capacité de consommation de la population. C'est ainsi qu'il est souhaitable de développer la sidérurgie pour obtenir l'épanouissement de la communauté.

Dans ce livre, nous avons présenté une vision qui est celle de s'engager dans la voie de développement durable de la République Démocratique du Congo en partant de l'installation et de l'essor des industries sidérurgiques. Cette vision renferme six stratégies principales pouvant permettre sa concrétisation. Il s'agit de :

- La stratégie du choix de la sidérurgie comme base de développement durable ;
- La stratégie de l'organisation de la sidérurgie en Groupe d'Entreprises ;
- La stratégie de l'implantation des industries sidérurgiques dans les provinces ayant les minerais de fer ;
- La stratégie du choix de la sidérurgie comme base de l'industrialisation de notre pays ;
- La stratégie de l'électrification du territoire national grâce à l'exploitation de différentes sources de production de l'énergie électrique ;
- La stratégie de l'implication de l'Etat Congolais dans l'investissement des industries sidérurgiques.

L'impact de ces six stratégies est très considérable sur l'épanouissement, la croissance et le développement de notre pays. L'expansion de la sidérurgie constitue réellement une base pour faire de la République Démocratique du Congo un pays émergent. Elle influence positivement la société et apporte un changement qui affecte la vie communautaire grâce à la construction des cités minières, des hôpitaux, des écoles, des centres commerciaux, des routes, etc. On peut donc dire que l'implantation et le développement des industries sidérurgiques sont capables de moderniser notre pays.

L'efficacité et la performance des industries sidérurgiques sont étroitement liées à leur organisation. La sidérurgie est aussi une industrie industrialisante parce qu'elle facilite la création des nouvelles industries pour la transformation de ses produits. Elle favorise également l'industrialisation des autres domaines de la vie sociale notamment l'agriculture, la pêche et l'élevage. On peut envisager de développer et implanter la sidérurgie dans les différentes provinces où sont localisés les gisements des minerais de fer ; avec comme objectif principal d'amener la modernisation dans ce milieu, de créer des emplois, d'amener la croissance et l'épanouissement. L'électrification du territoire national est possible grâce à l'exploitation des différentes sources de production de l'énergie électrique. Pour résoudre l'insuffisance en matière de production de l'énergie électrique dans notre pays, il faut s'engager dans la réhabilitation de certaines centrales hydroélectriques et dans la construction des nouvelles centrales hydroélectriques dans les sites déjà identifiés et qui sont éparpillés à travers le territoire national.

L'impact de la sidérurgie est perceptible aussi dans l'éducation parce qu'elle valorise l'enseignement universitaire et l'enseignement technique et professionnel. Car la présence des industries sidérurgiques apporte un stimulus à la jeunesse qui peut aspirer à un nouveau modèle de vie et de société. La vie autour des gisements des minerais de fer va changer et transformer la communauté et permettre la mise en place des nouvelles micros sociétés avec des nouvelles cultures. Elle contribuera à l'émergence des activités connexes pour la population telle que le commerce de proximité.

Comme on peut le constater, la matérialisation de cette vision grâce aux différentes stratégies nécessite des moyens financiers énormes ; d'où l'appel lancé à l'endroit de l'Etat congolais pour qu'il puisse s'investir conséquemment dans cette vision. Nous pensons donc que le développement durable de notre pays est envisageable, il suffit seulement d'un peu de volonté politique et aussi de la prise de conscience sur la nécessité d'installer et de développer les industries sidérurgiques à travers le territoire national. L'industrialisation ainsi que l'électrification sont également possible ; la République Démocratique du Congo renferme les ressources nécessaires pour relever ces défis. Il est temps de s'engager dans des visions qui permettent de transformer nos immenses potentialités dans divers domaines en richesse réelle et peuvent aussi créer de l'emploi en vue de faciliter la répartition de ces richesses à la population. La sidérurgie constitue l'une des visions qui peut atteindre ces différents objectifs.

POSTFACE

Grands furent, à la fois, mon étonnement et ma surprise, lorsque mon estimé collègue et très cher ami, le Professeur André AHUKA SHAMBA, me fit part, en cette matinée ensoleillée du 12 avril 2015, de son souhait de me voir écrire, non pas la préface, mais bien la postface de son ouvrage, consacré à la contribution de l'industrie sidérurgique au développement durable de notre pays, la République Démocratique du Congo.

Etonnement parce que, de mon point de vue, André AHUKA SHAMBA, docteur-ingénieur en Sciences des Matériaux, l'un des plus grands, sinon le plus grand, de nos spécialistes dans ce domaine des matériaux, n'avait nullement besoin de s'adresser à un collègue, spécialiste des sciences de gestion, pour donner et présenter aux lecteurs ses avis et considérations sur le contenu de son ouvrage.

Surprise parce que, ayant eu, plus d'une fois, à échanger avec l'auteur de cet ouvrage, sur les déboires de l'industrie sidérurgique dans notre pays, au travers de l'échec de la SOSIDER/SIDERNA de MALUKU, je m'étais convaincu que nous ne partagions pas la même vision, quant à la mission dévolue ou à dévaloir à cette industrie, dans le processus de l'industrialisation et du développement de notre pays.

En effet, dans le cadre de mes enseignements du cours de « *Préparation et Evaluation des Projets d'Investissement* », destinés aux étudiants de deuxième année de licence en sciences de gestion à l'Université de KINSHASA (UNIKIN), j'ai toujours présenté le cas de cette entreprise publique congolaise, comme l'exemple-type de la mauvaise préparation et de la mauvaise évaluation d'un projet d'investissement industriel.

Mon approche dans ce cours, contrairement à celle de mes prédécesseurs, qui se focalisaient sur le seul critère de la rentabilité financière, est plus globale ; dans la mesure où j'ai toujours considéré que la préparation et l'évaluation d'un projet d'investissement doivent intégrer toutes les étapes de la vie du projet, en partant de l'étape de sa genèse, c'est-à-dire celle de la conception de l'idée du projet, en passant par celles de l'analyse de l'environnement général et concurrentiel dans lequel le projet pourra être réalisé ; du marché sur lequel seront écoulés les biens et/ou les services produits dans le cadre du projet ; de la technologie qui permettra de produire lesdits biens et/ou services ; avant d'aboutir à l'évaluation financière du projet, laquelle n'est finalement que la traduction, en termes monétaires, des décisions prises au niveau de ces analyses et étapes antérieures ; pour terminer par l'évaluation de la capacité compétitive du projet.

En analysant le projet d'investissement de la SOSIDER/SIDERNA de MALUKU, on est rapidement confronté à de très graves insuffisances dans sa préparation et son évaluation. Il n'y a eu manifestement aucune analyse, ni de l'environnement, ni du marché, ni encore moins de sa capacité compétitive.

Confortés à la fois par les postulats énoncés dans le cadre de la théorie économique dominante de l'époque, celle des « *industries industrialisantes* », et par la vision politique du gigantisme du pays et donc de tous les projets ainsi que de toutes les réalisations du régime mobutiste, les auteurs de ce projet d'investissement ont implanté un éléphantesque complexe industriel à MALUKU, avec une capacité installée de 400.000 T des produits d'acier par an (alors que la demande intérieure était estimée à moins de 50.000 T et celle de l'Afrique toute entière oscillait autour de 120.000 T), sans se soucier ni des sources d'approvisionnement des matières premières, ni du marché auquel destiner la production, ni du coût de revient, et donc du prix de vente, de cette production, tant sur le marché intérieur que sur, éventuellement, le marché international.

On ne s'étonnera donc point de ce que l'usine de MALUKU n'ait jamais pu atteindre ou totaliser les 10.000 T de production, et que, surtout, faute de ne pouvoir s'approvisionner à partir des mines de fer du BAS-UELE (non exploitées et situées à des milliers de kilomètres de Kinshasa), elle ait tenté de baser sa production à partir de la mitraille importée d'Italie.

Mon étonnement et ma surprise, voire mes doutes, seront fort heureusement vite dissipés, dès nos premiers échanges et dès mes premières pages de lecture de cet intéressant ouvrage, qui m'est apparu comme étant un magistral plaidoyer en faveur de l'industrie sidérurgique. A travers ses écrits, le Professeur André AHUKA SHAMBA m'a convaincu de ne point condamner l'industrie sidérurgique, à partir de la malheureuse expérience de la SOSIDER/SIDERNA.

Ses écrits, notamment aux chapitres 4 et 5, soulignent, avec à propos, le caractère industrialisant de l'industrie sidérurgique, à travers l'exposé des différents enjeux et contraintes ou préalables liés à l'implantation et au déploiement de cette branche industrielle dans notre pays ; ainsi qu'à travers la présentation de l'organisation-type ou idéale des différentes activités de cette industrie sidérurgique, qui doit être conçue et perçue, non comme un mastodonte, mais bien plutôt comme un ensemble ou un tissu d'entreprises intégrées, s'occupant respectivement et successivement de l'exploitation des mines pour la production des minerais, de la fabrication des éponges de fer, de la production des aciers et de la transformation de ces aciers en produits sidérurgiques (clous, cornières, barres de fer, tôles, etc.). Autour de ces entreprises industrielles viendront également se greffer des entreprises de services, assurant le transport et la livraison, la maintenance et la commercialisation.

Et bien naturellement, de nombreux et divers autres secteurs économiques, comme le bâtiment, le transport ferroviaire, le chantier naval, l'industrie automobile, etc., verront leurs activités se développer et s'étendre, en bénéficiant des effets d'entraînement de l'industrie sidérurgique, dont on ne soulignera jamais assez la très grande capacité de transmission.

Bien lancé dans sa magistrale démonstration, le Professeur André AHUKA SHAMBA ne pouvait s'autoriser de s'arrêter à mi-chemin. Il va donc poursuivre ses réflexions et développements pour prendre fermement position en faveur de l'essaimage des entreprises sidérurgiques, de taille raisonnable, à travers l'ensemble du territoire national, contrairement à la vision pharaonique de la SOSIDER/SIDERNA. Et cela, compte tenu, d'une part, de la présence et de la répartition géographique des minerais de fer dans diverses provinces de la République Démocratique du Congo (voir au chapitre premier); et d'autre part de la présence et de la diversité des sources de production de l'énergie électrique, particulièrement de l'énergie hydroélectrique (voir au chapitre troisième), qui est une énergie propre et non polluante, donc tout à fait propice à la poursuite des objectifs du développement durable qui, rappelons-le, vise l'amélioration du niveau de vie des populations, par une exploitation judicieuse et ordonnée des ressources naturelles du sol et du sous-sol, sans porter atteinte ni aux équilibres écologiques, ni aux droits des générations futures de pouvoir bénéficier du fruit de l'exploitation de ces mêmes ressources.

L'ouvrage du Professeur André AHUKA SHAMBA nous présente, en fin des comptes, un véritable traité de la nouvelle politique industrielle pour notre pays. J'en félicite chaleureusement l'auteur et j'en recommande vivement la lecture et la consultation, tant aux étudiants, aux chercheurs qu'aux décideurs politiques.

Professeur
MBWINGA BILA
Robert
Député National et Ministre Honoraire

BIBLIOGRAPHIE

1. **ANCION C. et CAHEN L.,** Les Minerais de fer du Congo Belge. XIXe Congrès Géol. Symposium International sur les gisements de fer. Alger, 1952.
2. **ANCION C.**, Aspects scientifiques et économiques de l'étude des formations itabiritiques et gisements de minerais de fer associées. Ann. Soc. Géol. Belg. T87, n° 1 et 2. Liège, 1964.
3. **ASTIER J.,** Réduction directe, Techniques de l'ingénieur, Fiche M 7 580v2, Paris, France, 2005.
4. **Atlas des énergies renouvelables de la République Démocratique du Congo,** Ministère de Ressources Hydrauliques et Electricité, Edition, Août, Kinshasa, 2014.
5. **B.B. AGRAWAL and A.S. MATHUR,** New iron marking Processes: Relevance to India, R & D Center for Iron & Steel Authority of India Ltd, Ranchi, India, 2010.
6. **BEAUJEU-GARNIER J.,** La Sidérurgie française, L'information géographique. Volume 26, n° 3, p. 93-102. Paris, 1962
7. **BERTIEAUX Raymond,** Aspects de l'industrialisation en Afrique Centrale, Institut des relations internationales, Bruxelles, 1953.
8. **BLARDONE Gilbert,** L'entreprise dans le circuit économique, Desclée et Cie, Editeurs, Tournai, Belgique, S.D, p. 147, 1963
9. **BOSSON Rex et BENSION Varon,** L'industrie minière dans le Tiers – monde, Economica, Paris, p. 152, 1978.
10. **BUREAU DE RECHERE GEOLOGIQUE ET MINIER (B.R.G.M.),** Carte des gîtes minéraux du Zaïre à l'échelle 1 : 2000.000.

Notice explicative. Département des Mines du Bureau de Recherche Géologique et Minier, Kinshasa, 1974.

11. **C.G. DAVIS, J.F. Mc FRALIN, and H.R. PRATT,** Direct – Reduction technology and economics, in Iron marking and Steelmaking, Vol. 9, N° 3, 1982.
12. **CAHEN L. SNELLING N.J, DELHALS J. et VAIL JR,** The Geochronology and Evolution of Africa. Clarandon Press, OXFORD, p. 512, 1984.
13. **CAHEN L.,** Etude d'échantillons d'Itabirites du socle ancien de l'entre Luembe – Lubilashi (Katanga). Ann, Serv Mines CSK 12 et 13, 1948.
14. **CENTRE FOR SCIENCE AND ENVIRONMENT,** Sponge Iron Industry: The Regulatory Challenge 2011, CSE, New Delhi, 2011.
15. **CHEVILLARD et coll.,** Les ressources minières de l'Afrique noire, Promoteurs Zaïrois, Kinshasa, n° 20, p. 7- 8, Juin, 1982.
16. **COLOMBIER L,** Métallurgie du fer, Dunod, p. 328 – 332, 1957.
17. **De ROUSSIERS,** Cité par BLARDONE, (19…), p. 148 – 149.
18. **DECOYER and Mac NAUGHTON,** Report as of December 31, 2010 on the prospective resources attributate to certain projects Owned by Energulf resources Inc. in Lotshi Block, D R Congo NI 51 – 101, May 3, 2011.
19. **DUHOUX P.,** Les Itabirites du Nord-Est de la Colonie. Congrès Scient. 50è anniv CSK. Elisabethville. Vol. II, tome II, p. 486 – 489, 1950.
20. **DURANT Jean,** Techniques de l'ingénieur, Fiche M1710, Paris, France, 1978.
21. **EBERHARD,** The future of South African Coal: Market, Investment, and Policy

Challenges, in Program on Energy and Sustainable Development, Freeman Spogli Institute for International Studies, January, p. 4, 2011.

22. **FRANCOIS A.,** Aide – Mémoire sur les gisements de fer du Sud-Shaba. Gécamines, Département Géol. LIKASI, 1975.
23. **FRANKEL H.S,** Capital investment in Africa, cité par BERTIEAUX, p. 70, 1974.
24. **HALBWACHS M. , LORKE A, TETZE K, WÜEST A.,** The Lake Kivu investigation on the physico-chemical stratification and natural hazard implications, Hilo, Hawaii, July, 2003.
25. **INTIOMALE M.M et OOSTERBOSCH R.,** Géologie et Géochimie du gisement de Kipushi, Centenaire Soc. Géo. Bel. , Liège, p. 123 – 164, 1974.
26. **INTIOMALE M.M. et MBUYI K.,** Le gisement Ba–Fe de KAPUMBA (Shaba, Zaïre). Musée Royal Afrique Centrale Tervuren, Rapp. Ann. 1995 et 1996. p 183–186, 1997.
27. **INTIOMALE M.M.,** Divers aspects des Minéralisation et de la Technique de valorisation dans le Shaba Méridional, Zaïre. Gécamines, Département Géol. Likasi, RA980, 24 p. In Charlet P. Edit. : Symposium International Cornet, Mons, Belgique, Abstract Vol. 28., 1994.
28. **INTIOMALE M.M.,** Le gisement Zn–Pb–Cu de Kipushi (Shaba, Zaïre). Etude géologique et Métallogénique. Thèse Université Catholique de Louvain, p. 170, 1982.
29. **J.C. LATAILLADE et J.P. MROZ,** Mission BRGM Haut – Zaïre, troisième campagne, Recherche de minerais de fer, 1975.
30. **JAMOTTE A.,** Roches basiques et métamorphiques de la région Lufunfu – Lualaba. Ann. Serv. Mines CSK. T4, 1933.

31. **KAMBAKAMBA A,** Importance de l'Industrie Minière dans le Développement Socio-Economique de la République Démocratique du Congo, CTCPM, Kinshasa, 2005.
32. **KILOGOLD,** Drill Results for Kilo/Rio Tinto DRC Iron JV, 25 January, 2012.
33. **LE PERSONNE J.,** Carte géologique du Zaïre à l'échelle 1.2000.000. Notice Explicative. Musée Royal Afrique Centrale Tervuren, Département des Mines, Kinshasa, 1974.
34. **LEFEVRE J.J.,** Identification d'une sédimentation pyroclastique dans le Mwashya inférieur du Shaba (Ex. Katanga). Ann. Soc. Géol. Belge T96, p 197–218, 1973.
35. **MOREILLI B. et RAUCQ P.,** Quartzites ferrugineux de Kanda - Kanda (Kasaï – Congo). Ann. Soc. Belg. T85, n° 1, p. 123–148, 1962.
36. **MULLER Karl,** Production d'aciers en République Démocratique du Congo, Novembre, 1969.
37. **MULUMBA LUKOJI et collaborateurs,** Industrie minière et développement, Kinshasa, PUZ, 1978.
38. **MUPEPELE MONTI Léonide,** L'industrie minérale Congolaise (Chiffre et défis), tome 1, L'Harmattan, Paris, 2013
39. **NGOY LUBABA,** Extraits de la sidérurgie dans les pays en voie de développement, cas du Congo, 2001.
40. **ONRD,** Rapport sur les minerais de fer de Banalia (Haut – Zaïre), Kinshasa, 1973.p. 251 – 257, 1945.
41. **RAUCQ P. et MISRA A.,** Les gisements de fer du Haut – Zaïre, Musée Royal. Afrique Centrale, Tervuren, Rapp. Ann. 1985–1986, p. 179–186, 1984.

42. **SECRETARIAT GENERAL DE MINES,** Contribution du Secteur Minier à l'Economie Nationale de la République Démocratique du Congo, Kinshasa, 2010.
43. **SLUYS M.,** La région de Kasongo (Maniema Méridional).Ann. Soc. Géol. Belge T68,
44. **STAS M.,** Contribution à l'étude géologique et Minéralogique des bauxites du Nord-Est du Mayumbe. Bell. Acad. Roy. Sci. O.M. Belg. 5, n° 2, 1959.
45. **TOUSSAINT (E),** Loc Cit, p. 299, S.D.
46. **TSHISHIMBI N.B.,** Les Cuirasses Latéritiques du Haut-Shaba. Thèse, Université de Liège, Belgique, 1978.
47. **VAN AUBELS R.,** Sur la martisation des gîtes de magnétite du Katanga Méridional. Ann. Soc. Géol. Belg. T51, p. C5 –C8, 1928
48. **WILLAME Jean – Claude,** Actualisation des contraintes sur l'industrie minière au Zaïre », les cahiers du Cerdaf, Bruxelles, n° 4 – 5, p. 149 – 185, Août, 1984.
49. **WOLLAST R.,** Aspect chimique du mode de formation des bauxites dans le Bas – Congo. Bull. Acad. Roy. Sci. O.M. Belg. 7, n° 3, 1961.
50. **WOODTLI. R.,** Iron Ore ressources of the north –eastern Congo. Econ. Geology, Volume 56, n° 8, 1961.

ANNEXE I

Synthèse du Rapport du Colloque International sur la Collaboration entre les Entreprises et les Universités pour le développement et l'innovation en République Démocratique du Congo organisé du 02 au 04 Septembre 2010 à Kinshasa

I. INTRODUCTION

Du 02 au 04 septembre 2010 s'est tenu à l'Institut Supérieur du Bâtiment et des Travaux Publics de Kinshasa /Ngaliema (IBTP) un colloque International sur le thème la collaboration entre les Universités et les Entreprises.

Ce rapport résume l'essentiel des activités qui se sont déroulées lors de cette manifestation scientifique. Elle comprend:

- L'Organisation c'est-à-dire la participation des Partenaires (Sponsors) ;
- La Présentation du colloque (participants, communications, ateliers) ;
- Les Résolutions ;
- La Recommandations ;
- La Conclusion.

Le lecteur intéressé pourra trouver en annexe :

- Les discours d'ouverture et de fermeture ;
- La liste des participants ;
- Le programme du colloque ;
- Les rapports complets des ateliers.

II. ORGANISATION, PARTENAIRES (SPONSORS)

- L'organisateur principal du colloque est le Professeur André AHUKA SHAMBA sur l'autorisation de Son Excellence Monsieur le Ministre de l'Enseignement Supérieur et Universitaire, Professeur MASHAKO MAMBA.
- Les partenaires (sponsors) du colloque :
  - BRALIMA : Prise en charge de pause-café ;
  - VLIR – UOS : Prise en charge du voyage et hébergement de cinq conférenciers Belges ;
  - Tenke Fungurume Mining : Participation aux frais de restauration ;
  - IBTP, ABA pour les frais d'organisation.

III. CONTEXTE ET OBJECTIF

1. Contexte du colloque

L'enseignement, la recherche scientifique et le service à la société sont les trois missions principales dévolues par le Gouvernement aux établissements d'enseignement supérieur. Le service à la société est un concept large et complexe qui, dans le contexte d'un pays en reconstruction comme le nôtre mérite une attention accrue et une approche nouvelle.

Un certain nombre des problèmes se pose actuellement au niveau des entreprises et celui des institutions chargées de la formation des ingénieurs aussi bien concepteurs que réalisateurs. Il est urgent d'y remédier.

Du coté des entreprises deux problèmes majeurs se posent :

- Les entreprises implantées en République Démocratique du Congo ont des difficultés énormes de recruter du personnel local compétent. Elles doivent procéder à des formations internes avant que le personnel ne devienne performant surtout lors de l'acquisition des nouvelles technologies.

- Elles ne font pas participer les institutions d'enseignement supérieur, universitaire et technique à leur plan de développement en leur confiant par exemple des projets de recherche adaptés à leurs besoins.

Du côté des Universités et des Institutions d'Enseignement Supérieur Technique :

- Ils éprouvent des difficultés à rendre compétitifs les ingénieurs, les juristes, les économistes et les gestionnaires des ressources humaines formées par eux par rapport au marché de l'emploi international. Ce problème est dû essentiellement à l'inadéquation entre les programmes d'enseignement, les besoins de la pratique industrielle et de la gestion dans notre pays en pleine reconstruction, en ce début de 21ème siècle.

D'où l'importance de ce colloque notamment en cette année de cinquantenaire de notre indépendance.

2. *Objectifs du colloque*

Ce colloque se fixe comme objectifs primordiaux de :

- nouer un dialogue entre les entreprises publiques et privées et les institutions d'enseignement post secondaire de la République Démocratique du Congo c'est-à-dire les Universités et les Instituts Supérieurs d'Enseignement Technique, afin d'optimiser l'impact de leurs programmes sur le monde industriel et la société civile.

  Pour cela, les travaux du colloque seront centrés sur le thème : « Vers une collaboration nouvelle entre les Universités, les Instituts de formation des ingénieurs et les Entreprises afin d'optimiser le développement économique, l'innovation et la reconstruction en République Démocratique du Congo»

- discuter et de définir le nouveau profil des ingénieurs, juristes, économistes et gestionnaires dans les filières classiques pour les adapter aux demandes des entreprises publiques et privées en République Démocratique du Congo. Nous pensons évidemment à la formation des ingénieurs électromécaniciens, constructions civiles, chimie, matériaux et environnement, NTIC, mais aussi aux secteurs importants tels que les transports fluviaux, ferroviaires, routiers et certains secteurs comme l'agriculture, la petite industrie, etc.

- créer des nouvelles filières de formation d'ingénieurs afin de couvrir les besoins nouveaux sur le marché de l'emploi de notre société.
- stimuler toutes les initiatives de renouveau des programmes existants grâce par exemple à l'établissement des groupes de contact entre les institutions de formation d'ingénieurs et les représentants de l'industrie.

IV. PRESENTATION DU COLLOQUE

1. Participants

Le colloque a connu la participation des enseignants des Universités et des Instituts Supérieurs établis à Kinshasa ainsi que des collègues des Universités Belges notamment Vrije Universiteit Brussels (VUB), Katholic Universiteit Leuven (KUL), Université de Mons (UMons), des Représentants des Organismes de Coopération Universitaire au développement (VLIR, CUD), Représentants du pouvoir public (le Ministère et le Secrétariat Général Enseignement Supérieur et Universitaire) et des Représentants du patronat (FEC, ANEP) accompagnés de quelques industriels locaux.

Au total on a dénombré une soixantaine des participants sans compter les étudiants de l'IBTP qui sont venus remplir le rang tout en participant activement dans les débats en ateliers et en plénière. Nous avons déploré l'absence des représentants des facultés polytechniques de nos deux universités qui forment des Ingénieurs en République Démocratique du Congo.

2. Communications

Toutes les communications prévues dans le programme ont été présentées, à l'exception de deux intervenants qui ont été remplacées.

Au total neuf conférences ont eu lieu en plénières ont eu lieu ; cinq discours ont été prononcés et des séances questions – réponses ont été organisées après les différents exposés.

Parmi les discours prononcés, nous citons :

- Le mot de bienvenu prononcé par le Professeur Dominique MWEZE, le modérateur de la cérémonie ;
- L'allocution du Professeur Isidore NDAYWEL, coordonnateur du Commissariat Général au Cinquantenaire ;
- Le discours d'ouverture solennelle du colloque par Madame Marie Jeanne ALULA NYOTA, Secrétaire Général à l'Enseignement Supérieur et Universitaire, Représentante personne de Son Excellence Monsieur le Ministre de l'Enseignement Supérieur et Universitaire, le Professeur Léonard MASHAKO MAMBA ;
- Le Discours d'orientation par le Professeur André AHUKA SHAMBA, Organisateur du Colloque ;

Les communications suivantes ont été présentées en plénière notamment :

- Collaboration entre les Entreprises et les Universités Modèle pour le développement Belge par Monsieur Dr. Karel VINCK, Haut Fonctionnaire européen, Président Honoraire de la Fédération des Entreprises Belges.
- Collaboration entre les Universités et les Entreprises : cas de la Société Nationale d'Electricité (SNEL) pour la

formation des Ingénieurs par le Professeur André BANDEKELA KAZADI, ISTA/Kinshasa ;

- Témoignage de l'implication des entreprises Congolaises dans la collaboration et le développement des Universités Congolaises par Monsieur KALALA MUKONGO, Administrateur Délégué de la Fédération des Entreprises du Congo (FEC).
- Etat de lieu de la collaboration entre les Institutions de formation des Ingénieurs et les Entreprises Congolaises par Richard NGUB'USIM, Professeur à l'UNIKIN et Administrateur Secrétaire Exécutif de l'ANEP.
- Importance du Comité Scientifique pour l'Innovation en République Démocratique du Congo par Jacques TIBERGHIEN, Professeur à la VUB, Belgique.
- Le développement de l'Université et la création des SPIN-OFF par Léo Van BIESEN, Professeur à la VUB, Belgique.
- Collaboration entre les Universités de Nord et celles du Sud pour leur développement, par Irina VERTENNICCOFF, Professeur Emérite à la VUB, Belgique.
- Formation des Ingénieurs par projet, par Jos Vander SLOTEN, Professeur à la Kuleuver, Belgique.

3. Ateliers

Quatre ateliers prévus ont été organisés sur les différents sous thèmes du colloque à savoir :

- Atelier sur la création de la nouvelle génération des PME appelées, le SPIN-OFF ;
- Atelier sur la collaboration entre Industrie et Université, ainsi que la nécessité de la constitution du Comité Scientifique National de l'Innovation ;
- Atelier sur l'adaptation des programmes de formation des Ingénieurs ;

- Atelier sur la formation à distance et de l'appropriation de NTIC dans la formation des Ingénieurs.

Les rapports des différents ateliers se trouvent en annexe au présent rapport.

V. RESOLUTIONS DES ATELIERS

Tenant compte des débats en plénière et dans les ateliers, les résolutions suivantes ont été prises.

1. Sur la collaboration Industries – Universités et constitution du Conseil Scientifique National de la Recherche et de l'Innovation.

- Pour financer la recherche dans les Universités, la participation des Industriels congolais est requise,
- Pour rendre fructueuse cette collaboration, il faut créer un cadre de concertation entre les Universités, les Industriels et les décideurs d'accompagnement des chercheurs au sein des Institutions d'Enseignement et de Recherche. Ce cadre assurera la jonction entre les Universités et les Industries ainsi que la Société civile. La même Institution protégera les droits des chercheurs. Elle sera étoffé d'experts des diverses compétences (scientifique, juriste, économiste, marketeurs, …) dont leurs rôles seront de valider les résultats de recherche et de gérer les contrats obtenus ;
- La recherche et le développement doivent être les piliers de base pour la reconstruction de la République Démocratique du Congo ;
- La fondation universitaire à créer doit être le lieu où se retrouveraient les représentants des Universités,

des Entreprises publiques et privées ainsi que les représentants du pouvoir public pour formuler des propositions concrètes au gouvernement et déterminer les filières d'activités à développer dans le cadre de la reconstruction. Cette fondation sera chargée aussi de suivre la politique d'implantation des programmes retenus, de coordonner les formations à assurer et de garantir un contrôle sur leur qualité. Cet organisme serait apolitique et composé des représentants des Universités et des Instituts d'Enseignement Supérieur Congolais ainsi que les entreprises publiques et privées. Il serait indiqué d'y associer des représentants d'Institutions d'Enseignement Supérieur étrangères et/ou de l'aide internationale qui participeront à l'élaboration et l'implantation des programmes retenus ainsi que dans la définition des modes de financement des filières prioritaires.

2. Sur la création des spins – off

Les Spin-Off sont de entreprises pilotes ou des Petites et Moyennes Industries attachées aux Universités destinés à mener des recherches dans les laboratoires de manière à assurer le développement et l'innovation des nouvelles technologies dans tous les domaines. Cette catégorie d'entreprise attachée à la recherche doit :

- Définir clairement les objectifs de leurs projets,
- Elaborer leur domaine de spécialisation,
- Constituer des équipes de collaboration,
- Déceler les besoins de la société,
- Se faire connaître dans le milieu d'affaires et développer des synergies avec lui,
- L'Etat doit développer un environnement attractif à l'éclosion et au développement des spins – off.

3. Sur les programmes

Actuellement la science et la technique ont connu un développement spectaculaire de manière qu'il est nécessaire d'adapter la formation aux besoins du moment. Il est donc important que les programmes des formations soient revisités pour l'adapter à l'élan du développement de la nation. Pour cela, il est indiqué de faire :

- La révision des programmes de formation d'Ingénieurs dans les Universités et Instituts Supérieurs ;
- Appel aux entreprises à devenir partie prenante dans le processus éducatif au sein des institutions d'Enseignement Supérieur ;
- Une partie de formation des étudiants dans les entreprises pour rapprocher la théorie aux réalités de terrain ainsi que de trouver les réponses aux besoins de développement.

4. Sur la formation à distance et appropriation des nouvelles Technologies de l'Information et de la Communication (NTIC)

Cet atelier a visé à développer plusieurs applications de formation à distance dans le domaine de l'éducation en se servant des nouvelles technologies de l'information et de communication. On doit nécessairement passer par :

- L'intégration dans les programmes de formation des cours qui sont en relation avec les NTIC dans toutes les filières d'enseignement, du point de vue de l'utilisation. Ce programme devrait être concerté afin de définir correctement le contenu minimum du curricula et le type d'utilisateur à former. Ces cours pourraient être disponibilisés dans un environnement de E – Learning ;
- La création des écoles ou des filières spécialisées dans les domaines des NTIC, pour répondre à court terme à la demande croissante des entreprises. Ces

filières doivent nécessairement répondre à trois objectifs ou impératifs d'utilisation : les techniciens de maintenance et de l'installation ; les techniciens développeurs d'application (orientation systèmes ou gestion) et de contenu des NTIC ; les techniciens capables d'abstraction et donc d'innover avec des nouvelles idées. Ces écoles pourraient s'appuyer sur un environnement de E – Learning alimenté par les enseignants ;

- Dans les écoles d'Ingénieurs existantes, introduire ou renforcer les cours orientés vers le NTIC, de manière à ce que les finalistes s'approprient cet outil de travail, que chacun dans sa spécialité ait eu le temps d'utiliser les outils particuliers à son domaine. Les outils spécialisés généralement couteux, pourraient être partagés à partir d'un site connu et hébergeant le E – Learning ;
- Besoin préalable d'intensifier les formations et les séminaires de formation des enseignants pour prendre en charge l'ambitieux programme de formation ;
- Financement par le Gouvernement pour la mise en place d'une plateforme qui hébergerait les outils utilisables par les différentes spécialistes dans les écoles ;
- Financement par le Gouvernement des LAN Universitaires et des écoles secondaires ainsi que des capacités individuelles d'accès aux ordinateurs par tous, par exemple par des allégements fiscaux aux importations y relatives ;
- Fédérer les infrastructures existantes afin de minimiser les coûts d'implémentation.

VI. RECOMMANDATIONS

- Mise en place d'un processus de suivi des résolutions,

- Obtenir l'implication effective du pouvoir organisateur au niveau de l'ESU,
- Organiser ce genre de rencontre aussi souvent que possible,
- Créer un cadre permanent de concertation entre l'ESU, Entreprises et les décideurs.

VII. CONCLUSION

Il apparaît clairement, au travers de ce rapport, que les objectifs du colloque ont été largement atteints. Le contexte de reconstruction par le biais des cinq chantiers de la République et du cinquantenaire de notre indépendance s'y prête bien avec la tenue de ce colloque.

La tâche ne fut pas facile étant donné la modicité du budget alloué à l'organisation. L'absence de ferveur pour ce genre d'activités de la part de notre société en générale et des universitaires en particuliers et le déficit d'expériences de ce type de manifestation ont aussi fait partie de difficultés rencontrées. Car depuis belle lurette, les institutions de l'ESU n'organisent que rarement des colloques, conférences ou journées de réflexions à caractère international, mettant ainsi en mal la mission de recherche dévolue aux professeurs d'université.

Nous terminons ce rapport en remerciant :

- Son Excellence Monsieur le Ministre de l'ESU qui a autorisé la tenues de cette manifestation et rehaussé de sa présence la deuxième journée du colloque, redynamisant par la même occasion la suite des événements ;
- Madame la Secrétaire Général qui a participé, du début à la fin au colloque et qui a représenté le Ministre aux cérémonies d'ouverture et de clôture ;
- Au Comité de Gestion de l'IBTP pour nous avoir offert gracieusement les locaux où se sont déroulés nos travaux ;
- Les sponsors (BRALIMA, VLIR – UOS, Tenke Fungurume Mining) grâce à qui l'agréable a été allié à l'utile ;

- Les Modérateurs pour avoir su tenir l'ordre de débat et s'être efforcés à résumer les exposés en vue de faciliter les échanges ;
- Les intervenants pour la qualité de leurs communications de haut niveau ;
- Les participants pour leurs assiduités aux débats et dans les ateliers.

Cette expérience a été fort enrichissante à plus d'un titre et mérite d'être réitérée.

Fait à Kinshasa, le 16 septembre 2010

Professeur André AHUKA SHAMBA

Initiateur et Organisateur du Colloque

ANNEXE 2

Article de presse sur les accords de création de la Société Sidérurgique de Maluku

Dans ce dernier, la prise de fer se fait entre le cylindre médian et le cylindre inférieur de la cage 1 (passe inférieure). A sa sortie, la barre est reprise par un tablier releveur qui la positionne au niveau de la passe inverse supérieure, c'est-à-dire entre le cylindre médian et le cylindre supérieur. La barre ressort à l'avant de la cage, guidée cette fois entre les flasques d'un manipulateur qui la retourne automatiquement de 90° dès sa sortie terminée; elle est ramenée ensuite vers la cage par la ligne de rouleaux pour une nouvelle passe inférieure.

Ce processus se répète en fonction du nombre de passes prévu dans le plan de laminage.

Si le dégrossissage voulu est réalisé sur la première cage, la barre quitte le train dégrossisseur après la 5ème passe par l'intermédiaire du tablier releveur et d'une ligne de rouleaux de jonction.

Si par contre le programme prévoit 7 ou 9 passes sur le dégrossisseur, la barre est reprise après la dernière passe ovale en cage 1 par une doubleuse automatique qui la dirige vers la cage 2; de là, elle est soit évacuée directement vers le train intermédiaire, soit renvoyée par une autre doubleuse vers la cage 1 et ramenée ensuite par la partie correspondante de la première doubleuse vers la cage 2.

Les sections sortant du train dégrossisseur sont éboutées par une cisaille rotative, pouvant également être utilisée pour le morcellement des pièces défectueuses. Les chutes de morcellement sont évacuées dans des bennes spéciales par un couloir rabattable à commande pneumatique.

Le laminage se poursuit sur le train intermédiaire et zig-zag, avec ici passage automatique des produits d'une cage à l'autre.

A leur sortie de la cage finisseuse, les billettes passent par l'intermédiaire d'un couloir de jonction sur une ligne de rouleaux qui les amène vers le refroidissoir, en traversant préalablement une cisaille rotative prévue à l'entrée de ce dernier pour tronçonnage aux longueurs correspondantes. Les rouleaux de cette ligne, qui sont automoteurs et disposés en oblique, évacuent les tronçons en les freinant sur des éjecteurs rabaissés. Lorsque ceux-ci se relèvent, les tronçons sont repris par les rateaux mobiles d'un excentrique transporteur prévu à côté de la ligne de rouleaux, et déposés avec portée intégrale sur des plaques de dressage. Les rateaux se déplacent par pas jusqu'à remise des barres sur un système évacueur opérant par saccades et équipé d'un dispositif de retenue pour le regroupement des barres en paquets. Les paquets sont ensuite transférés sur une ligne de rouleaux qui les transporte vers la cisaille à froid du refroidissoir.

Cette cisaille tronçonne les paquets en longueurs marchandes de 18 m maximum, la mise à longueur étant facilitée par un butoir à réglage électrique. Après le tronçonnage, les paquets sont repris sur les rouleaux par des transferts effaçables à chaînes et remis à un convoyeur à chaînes pour transport dans des auges de bottelage également effaçables. Ils sont rassemblés ici en petites bottes, qui passent ensuite dans des auges de regroupement pour constitution de bottes plus grandes. Ces auges de regroupement se trouvent dans le hall de stockage, ce qui raccourcit les trajets d'évacuation.

Le hall de stockage comporte également l'équipement de dressage des plats et cornières, ainsi qu'une machine pour le dressage et le tronçonnage des sections rondes en longueurs marchandes.

Dans le laminage de fil, le cheminement entre la cage 8 et le bloc finisseur se fait à travers des filières coniques, avec utilisation pour l'éboutage de la cisaille rotative du refroidissoir. La ligne des filières comporte un boucleur à tête Rota pour régulation de la vitesse des trains intermédiaire et zig-zag en fonction de la vitesse du bloc finisseur, ceci pour éviter toute traction pendant le laminage.

A sa sortie du bloc finisseur, le fil est dirigé à travers des tubes de guidage refroidis à l'eau vers les bobinoirs Edenborn. Cette veine de guidage comprend un aiguillage qui canalise à chaque fois le fil vers le bobinoir en attente. Une fois l'enroulement terminé, la plaque du bobinoir se relève et la bobine est remise par des évacueurs pneumatiques sur un convoyeur à longerons mobiles.

Ce dernier transporte les bobines jusqu'à un basculeur prévu à son extrémité qui les remet alors sur un transporteur à crochets.

Les bobines effectuent sur ce transporteur un trajet pendant lequel elles refroidissent. En fin de trajet, elles sont transférées par un dispositif pneumatique sur un tourniquet comportant 4 bras capables de recevoir chacun plusieurs bobines. Lorsqu'un bras est rempli, le suivant vient se mettre en place par giration du tourniquet de 90°. Une fois les 4 bras remplis, les bobines sont reprises par un gerbeur à fourche et transportées dans le parc de stockage.

TABLE DE MATIERES

République démocratique du Congo

aux éditions L'Harmattan

Dernières parutions

LA SORCELLERIE CHEZ LES DING DE LA RDC
Nkumisongo Vavi Fabiyo François-Xavier
La sorcellerie constitue une force surhumaine, une croyance et une pratique ambiguë, notamment chez les Ding de RDC. L'accent a été mis sur le rôle, le pouvoir et la position du sorcier ainsi que sur les voies d'accès et celle de sa transmission. D'autres phénomènes sont analysés tels que l'incarnation, la réincarnation, l'antisorcellerie, la science et la recherche scientifique. Sans oublier le génie créatif ou inventif propres à chaque peuple. Également liée à la religion, elle est à ce titre l'opium du peuple Ding. Elle bloque par l'envoûtement, il faut chercher à la débloquer par des mécanismes d'antisorcellerie.
(Coll. Géopolitique mondiale, 12.00 euros, 106 p.)
ISBN : 978-2-343-04505-4, ISBN EBOOK : 978-2-336-37078-1

CONVICTIONS ET ESPÉRANCES POUR LA RÉPUBLIQUE DÉMOCRATIQUE DU CONGO
Verbatim (2008-2014)
Mukalay Nsungu Banza - Préface de Manda Tchebwa
Ce livre restitue la vision de l'homme politique pour son pays au travers des «écrits et des dits». Le lecteur découvre les idées-forces du politique qui accompagne le développement d'un secteur socioculturel de la RD Congo. Banza Mukalay Nsungu a été élu quatre fois député de Lubumbashi et ministre dans plusieurs gouvernements. Il est depuis 2012 ministre de la Culture et des Arts de la RD Congo.
(Coll. Comptes Rendus, 21.00 euros, 210 p.)
ISBN : 978-2-343-05743-9, ISBN EBOOK : 978-2-336-37101-6

MA VÉRITÉ SUR LE MARÉCHAL MOBUTU ET SUR LA TRANSITION DÉMOCRATIQUE AU ZAÏRE (1990-1997)
Mukalay Nsungu Banza - Préface de Camille Sesep N'sial
La «transition démocratique» en République démocratique du Congo aura été l'une des plus troubles, complexes et longues de tout le continent africain (1990-2006). Acteur et témoin privilégié de l'histoire politique de ces dernières décennies, l'auteur pose un regard critique sur ces années de tumulte, en interpellant la responsabilité de l'acteur politique congolais. En évoquant ses

rapports privilégiés avec le maréchal Mobutu, qui lui confiera la direction de son parti, l'auteur pose aussi son jugement global sur le déroulement de la transition.
(Coll. Comptes Rendus, 16.50 euros, 162 p.)
ISBN : 978-2-343-05741-5, ISBN EBOOK : 978-2-336-37097-2

LES MOTS RÉCURRENTS DE LA TRANSITION POLITIQUE AU ZAÏRE (1990-1997)
Mukalay Nsungu Banza
Rompant avec la tradition qui confine l'étude du vocabulaire et du discours politique dans les sphères des chercheurs spécialisés, l'auteur s'intéresse ici aux mots récurrents de la période politique de la Transition (1990-1997) au Zaïre (actuelle RDC). Une période politique qui va du discours historique de la démocratisation, prononcé par le président Mobutu le 24 avril 1990, à l'avènement du président Laurent-Désiré Kabila, le 17 mai 1997. L'ouvrage constitue également une contribution à l'étude du français d'Afrique subsaharienne et spécialement de la RDC.
(Coll. Comptes Rendus, 9.00 euros, 56 p.)
ISBN : 978-2-343-05742-2, ISBN EBOOK : 978-2-336-37092-7

L'U.D.P.S. DANS L'ŒIL DU CYCLONE
La violence politique au Zaïre sous Mobutu (octobre 1985)
Mutamba Makombo Jean-Marie
Cet ouvrage relate la traque et la répression d'un mouvement d'opposition clandestin au Zaïre (R.D. Congo) sous la Deuxième République : l'Union pour la Démocratie et le Progrès Social (UDPS). L'auteur s'appuie sur les rapports d'information établis en octobre 1985 par le Corps des Activistes pour la Défense de la Révolution (CADER), qui témoignent des tribulations du petit peuple qui a souffert pour le triomphe du multipartisme et de la démocratie. Ils révèlent aussi les luttes d'influences, la lutte d'intérêts et de clans au sein du Parti unique.
(12.00 euros, 104 p.)
ISBN : 978-2-343-05729-3, ISBN EBOOK : 978-2-336-37252-5

VALORISER L'EXPÉRIENCE DANS L'ENSEIGNEMENT ADMINISTRATIF
Manuel de psychologie et des sciences de l'éducation en République du Congo
Tabezi Pene-Magu Bernard-Gustave
La notion d'expérience est devenue une référence majeure, aussi bien en éducation que dans tous les métiers où des personnes agissent sur l'activité d'autres personnes (orientation, conseil, management, soins). Elle est de plus en plus valorisée au sein de l'enseignement scolaire comme le montre la promotion des pratiques pédagogiques prônant le recours à l'expérience et à l'expérimentation comme source des apprentissages...
(Coll. Études africaines, 19.00 euros, 192 p.)
ISBN : 978-2-343-05376-9, ISBN EBOOK : 978-2-336-37157-3

DES ÉCOLES PRIMAIRES «EFFICACES»
Étude de leurs déterminants à Kisangani
Kamba Eyanganunga Albert
Dans un environnement scolaire marqué par de forts taux de déperdition et des faibles niveaux d'acquis par les élèves, certaines écoles sortent du lot. Ces écoles primaires efficaces fonctionnent dans un climat scolaire positif, recourent à des pratiques éducatives maximisant le temps d'enseignement et à des pratiques managériales participatives et orientées vers les objectifs.
(Coll. Études africaines, 31.00 euros, 290 p.)
ISBN : 978-2-343-05350-9, ISBN EBOOK : 978-2-336-37239-6

LA BANQUE MONDIALE ET LA RÉFORME DES ENTREPRISES PUBLIQUES CONGOLAISES (RDC)
Une analyse critique des enjeux politiques, économiques et sociaux
Mpoy Kadima Godé
Malgré un cadre macroéconomique en relative amélioration, le redressement des entreprises publiques congolaises (RDC) demeure au coeur des enjeux de la relance de l'économie nationale. Victimes des conjonctures et politiques publiques défavorables à leur expansion, ces entreprises sont, pour la plupart d'entre elles, au bord de la faillite. L'option de la privatisation, préconisée comme solution par le gouvernement congolais, ne peut s'imposer comme l'unique voie de recours. Ce vaste plan de privatisation risque d'entraîner des conséquences néfastes sur les plans économique, social et politique.
(Coll. Comptes Rendus, 18.00 euros, 182 p.)
ISBN : 978-2-343-05927-3, ISBN EBOOK : 978-2-336-37273-0

ARCHIVISTIQUE, BIBLIOTHÉCONOMIE, DOCUMENTATION ET LÉGISTIQUE
Des disciplines de la bibliologie
Bobutaka Bateko Bob
En tant que disciplines de la bibliologie (science générale de l'écrit), l'archivistique et la bibliothéconomie ont pris une ampleur considérable dans l'environnement planétaire actuel caractérisé par l'explosion documentaire. Ces disciplines ont donné naissance à la documentation qui gère l'information actualisée, spécialisée et professionnelle. Outre ces disciplines, ce livre tente de démontrer que la légistique fait également partie des disciplines bibliologiques, au-delà de ses caractères juridiques et politiques.
(Coll. Recherches en Bibliologie, 32.00 euros, 314 p.)
ISBN : 978-2-343-05739-2, ISBN EBOOK : 978-2-336-37076-7

UNE CAUSE SACRÉE
Le dialogue intercongolais, 2000-2003
Winter Philip - Traduit de l'anglais par le professeur Norman Strike
En mars 2000, Philipe Winter est sollicité pour assumer le rôle de chef de cabinet de l'ancien président du Botswana, pressenti pour présider et faciliter le dialogue auquel avaient consenti les trois principales parties belligérantes de la République démocratique du Congo lors de l'Accord de cessez-le-feu de Lusaka en 1999. Ce récit des négociations, basé sur les notes prises par l'auteur ainsi que sur de

nombreux procès verbaux et rapports de réunions, constitue un compte rendu qui met en valeur l'importance de la patience et de la diplomatie dans la mise en place d'un cadre pour un meilleur avenir de la RDC.
(Coll. Études africaines, 36.50 euros, 356 p.)
ISBN : 978-2-343-04843-7, ISBN EBOOK : 978-2-336-36842-9

L'INTRODUCTION DE LA TVA EN RÉPUBLIQUE DÉMOCRATIQUE DU CONGO
Critique de la transition fiscale en Afrique
Matenda Kyelu Athanase
Préface de Jean-Claude Martinez – Postface d'Evariste Mabi Mulumba
Le 1er janvier 2012, la TVA entre en vigueur en RDC : aventure de dix ans pour la Direction générale des Impôts d'un pays grand comme l'Europe de l'Ouest. Ce livre pionnier d'une intelligence économique des nations révèle lieux, hommes et déroulement de la réforme pour amener la question iconoclaste : est-ce nécessaire d'avoir la TVA ? N'aurait-il pas été plus efficace de muter la technologie des droits de douane pour les rendre déductibles, plutôt que s'aligner sur la solution de leur réduction puis suppression, avec l'introduction compensatoire d'une TVA ?
(70.00 euros, 510 p.)
ISBN : 978-2-343-03255-9, ISBN EBOOK : 978-2-336-36928-0

LE CONSEIL AGRICOLE RURAL DE GESTION ET DÉVELOPPEMENT À LA BASE EN RDC
Makala Nzengu Patrick - Préface de Thomas Kembola Kejuni
Les évolutions techniques et socioéconomiques dans le secteur agricole de la RDC ont permis d'adopter de nouvelles orientations fondées sur l'approche programme et l'inclusion des acteurs du monde rural dans les politiques agricoles. La nouvelle approche «CARG», objet de ce livre, fait rupture avec celles, directives, d'encadrement et de vulgarisation des pouvoirs publics et partenaires au développement. Elle puise dans les valeurs socioethnologiques congolaises : dynamique communautaire, savoir local ou paysan et autoprise en charge.
(Coll. Études africaines, série Agro-Alimentaire, 17.00 euros, 166 p.)
ISBN : 978-2-343-04888-8, ISBN EBOOK : 978-2-336-36890-0

L'HARMATTAN ITALIA
Via Degli Artisti 15; 10124 Torino

L'HARMATTAN HONGRIE
Könyvesbolt ; Kossuth L. u. 14-16
1053 Budapest

L'HARMATTAN KINSHASA
185, avenue Nyangwe
Commune de Lingwala
Kinshasa, R.D. Congo
(00243) 998697603 ou (00243) 999229662

L'HARMATTAN CONGO
67, av. E. P. Lumumba
Bât. – Congo Pharmacie (Bib. Nat.)
BP2874 Brazzaville
harmattan.congo@yahoo.fr

L'HARMATTAN GUINÉE
Almamya Rue KA 028, en face
du restaurant Le Cèdre
OKB agency BP 3470 Conakry
(00224) 657 20 85 08 / 664 28 91 96
harmattanguinee@yahoo.fr

L'HARMATTAN MALI
Rue 73, Porte 536, Niamakoro,
Cité Unicef, Bamako
Tél. 00 (223) 20205724 / +(223) 76378082
poudiougopaul@yahoo.fr
pp.harmattan@gmail.com

L'HARMATTAN CAMEROUN
BP 11486
Face à la SNI, immeuble Don Bosco
Yaoundé
(00237) 99 76 61 66
harmattancam@yahoo.fr

L'HARMATTAN CÔTE D'IVOIRE
Résidence Karl / cité des arts
Abidjan-Cocody 03 BP 1588 Abidjan 03
(00225) 05 77 87 31
etien_nda@yahoo.fr

L'HARMATTAN BURKINA
Penou Achille Some
Ouagadougou
(+226) 70 26 88 27

L'HARMATTAN SÉNÉGAL
10 VDN en face Mermoz, après le pont de Fann
BP 45034 Dakar Fann
33 825 98 58 / 33 860 9858
senharmattan@gmail.com / senlibraire@gmail.com
www.harmattansenegal.com

L'HARMATTAN BÉNIN
ISOR-BENIN
01 BP 359 COTONOU-RP
Quartier Gbèdjromèdé,
Rue Agbélenco, Lot 1247 I
Tél : 00 229 21 32 53 79
christian_dablaka123@yahoo.fr

Achevé d'imprimer par Corlet Numérique - 14110 Condé-sur-Noireau
N° d'Imprimeur : 121944 - Dépôt légal : octobre 2015 - *Imprimé en France*

www.ingramcontent.com/pod-product-compliance
Lightning Source LLC
LaVergne TN
LVHW010954061026
849535LV00006B/1717
* 9 7 8 2 3 4 3 0 7 3 6 5 1 *